Nach ›Eine Frau Jahrgang 13‹ und ›Eine Frau im Westen‹ ist dies der abschließende Band der Autobiographie von Agnes-Marie Grisebach. In ihm blickt sie zurück auf die letzten dreißig Jahre des vergangenen Jahrhunderts und erzählt, wie sie diese Zeit erlebte.

Im Herbst ihres Lebens wiederholt sich zunächst, was sie in den Jahren zuvor immer wieder tun musste: sich in eine ihr fremde Umwelt eingliedern, sich klaglos mit den Verlusten abfinden und einfach nur erledigen, was der Tag von ihr fordert. Doch weil sie keine Kinder, Enkelkinder oder Pflegekinder mehr zu versorgen hat, will sie nun das erste Mal im Leben das tun, was ihr selbst Spaß macht, und sich endlich einen Wunsch erfüllen: Sie schreibt ein Buch, ›Eine Frau Jahrgang 13‹. Da plötzlich häufen sich die Wunder: Das Buch wird ein Bestseller. Die Mauer öffnet sich, und die Autorin kann hoffen, ihr verlorenes Heimathaus wiederzubekommen. 1996 ist es so weit. Sie erhält ihr Landhaus an der Ostsee zurück. Ihr ist zumute wie Hiob, dem Gott erst alles nahm, was er besaß und liebte, und dann alles wieder zurückgab. 1997 zieht sie allein in ihr wiedergewonnenes Haus in Ahrenshoop, obwohl sie inzwischen blind und schwer gehbehindert ist. Hier findet sie in der heimatlichen Natur und unter den ihr freundschaftlich verbundenen Menschen endlich die Quelle, aus der ihre Wurzeln sie ein Leben lang speisten.

Agnes-Marie Grisebach, 1913 in Berlin geboren, verbrachte einen großen Teil ihrer Kindheit in Ahrenshoop an der Ostsee. Sie wurde Schauspielerin, heiratete und bekam vier Töchter. Die Kriegs- und Nachkriegszeit erlebte sie in Ahrenshoop. 1951 floh sie, inzwischen geschieden, mit ihren Kindern in den Westen und arbeitete bis 1973 in einer Fabrik in Heidelberg. Erst als Rentnerin konnte sie sich dem Schreiben widmen. Im Fischer Taschenbuch Verlag erschienen ihre Bücher ›Eine Frau Jahrgang 13‹ (Bd. 10468), ›Eine Frau im Westen‹ (Bd. 10467), ›Frauen im Korsett‹ (Bd. 13450).

Unsere Adresse im Internet: *www.fischer-tb.de*

Agnes-Marie Grisebach

Von Anfang zu Anfang

Eine Frau Jahrgang 13 erzählt vom Ende des letzten Jahrhunderts

Fischer Taschenbuch Verlag

Originalausgabe
Veröffentlicht im Fischer Taschenbuch Verlag,
einem Unternehmen der S. Fischer Verlag GmbH,
Frankfurt am Main, September 2003

Satz: Pinkuin Satz und Datentechnik, Berlin
Druck und Bindung: Clausen & Bosse, Leck
Printed in Germany
ISBN 3-596-15991-1

Inhalt

Vorbemerkung

Dieses Buch habe ich auf die dringende Bitte von Leserinnen und Lesern meiner beiden autobiographischen Romane ›Eine Frau Jahrgang 13‹ und ›Eine Frau im Westen‹ geschrieben. Sie hielten es für wichtig, dass ich den Bericht über das 20. Jahrhundert aus der Sicht einer durchschnittlichen deutschen Frau vervollständige. An der Tatsache, dass ich mein Heimathaus in Ahrenshoop an der Ostsee in der ehemaligen DDR im Jahr 1996 zurückbekommen habe, nahmen so viele Menschen persönlichen Anteil, dass ich mich entschlossen habe, das letzte, so viel leichtere Drittel meines Lebens auch noch zu erzählen.

Ich werde im Jahr 2003 neunzig Jahre alt, bin seit 1995 fast blind und kann deshalb nicht mehr selbst lesen und schreiben. Abgesehen von der technischen Schwierigkeit ist für das Schreiben dieses Buches auch problematisch, dass inzwischen der Romanort Henkhof als Ahrenshoop an der Ostsee enttarnt ist und man die Erika Röder geborene Kernrebe als Agnes-Marie Grisebach erkannt hat. Alle anderen Personen möchte ich aber um der nötigen Diskretion willen weiterhin mit ihren Namen und Charakteren aus den Romanen beibehalten.

Agnes-Marie Grisebach, Ahrenshoop im März 2003

Erstes Kapitel

Der Blickwinkel von unten

Nach meiner Flucht aus der DDR hatte ich in Heidelberg in einer Bremsenfabrik gearbeitet. Es noch einmal als Schauspielerin zu versuchen wäre in meinem desolaten Zustand sinnlos gewesen. Ich sah nach den schweren Kriegs- und Nachkriegsjahren zwanzig Jahre älter aus, als ich war. Als ungelernte Kraft musste ich nehmen, was sich mir bot. Nach dreizehn Jahren wurde ich aus der Fabrik entlassen, weil ich mich als Betriebsrätin für einen gefeuerten Direktor eingesetzt hatte. Wieder fand ich nur Arbeit in der Metall verarbeitenden Industrie und wurde diesmal in einem Betrieb angestellt, der Kupplungen produzierte. Sie werden lachen, aber ich habe dreizehn Jahre lang dabei mitgeholfen, Bremsen herzustellen, und dann weitere sieben Jahre bei der Herstellung von Kupplungen geholfen. Ich habe in diesen zwanzig Jahren so wenig Interesse für Bremsen und Kupplungen aufbringen können, dass ich mir nicht ein einziges Mal angeschaut habe, wie eine verkaufsfertige Bremse für Lastkraftwagen oder eine Kupplung für PKWs aussieht. Was Bremsen sind, wusste ich ja, was Kupplungen eigentlich sind, weiß ich bis heute nicht. Nie im Leben habe ich ein Auto besessen oder den Führerschein gemacht. Was von mir gefordert wurde, waren Schreibmaschinenkenntnisse, Konzentrationsfähigkeit, Gewissenhaftigkeit, Zuverlässigkeit und ein gutes Gedächtnis für Zahlen. Außerdem war es noch wichtig, sich mit den Kollegen gut vertragen zu können, damit das Arbeitsklima für alle erträglich blieb.

In der Kupplungsfabrik war der Anfang erheblich leichter, als es der Anfang in der Bremsenfabrik gewesen war. Damals hatte man mich schlecht gekleidete, verhärmte Flüchtlingsfrau und Mutter von vier Kindern für hergelaufenes Gesindel gehalten und Gesocks genannt. Die Heidelberger waren nämlich vom Krieg und seinen Folgen verschont worden. Niemand hätte mir geglaubt, dass ich in Ahrenshoop an der Ostsee ein herrliches Landhaus besessen und einst zum reichen Großbürgertum gehört hatte, dass mein geschiedener Mann den Doktortitel hatte und ich einmal eine schöne Schauspielerin gewesen war. Ich wohnte immer noch in der Arbeitersiedlung und erzählte auch dort keinem Menschen von meiner Vergangenheit im anderen Deutschland. In der Kupplungsfabrik war mein Anfangsgehalt schon erheblich höher als mein Anfangslohn in der Bremsenfabrik, wenn auch nicht so hoch wie das Gehalt, das ich dort bereits erreicht hatte. Ich war nicht mehr schlechter gekleidet als die übrigen Angestellten. Hier wusste man, dass ich zuletzt Leiterin der Arbeitsvorbereitung und Programmiererin gewesen war. Deshalb sah man mich nicht mehr verächtlich an.

Wegen der Gründe meiner Entlassung begegnete man mir zunächst auch im neuen Betrieb mit Misstrauen. Mein Entlassungszeugnis war korrekt gewesen, aber doch so, dass man vor meiner Einstellung mündliche Erkundigungen über mich eingezogen hatte. Da die siegreichen Direktoren den wahren Grund nicht verraten wollten, hatten sie gesagt, ich sei unverträglich. Nach einigen Monaten erwies sich dieser Verdacht als unbegründet, und so wurde ich als gleichwertige Kollegin behandelt. Diesmal war ich im Einkauf beschäftigt. Mein Büro war aber auch hier nur durch ein Glasfenster von den Werkhallen getrennt. Mit den Arbeitern kam ich etwas weniger in Kontakt, weil ich mich hier nicht noch einmal als Betriebsrätin aufstellen lassen wollte. Meine Erfahrungen mit der Gewerkschaft hatten mein Vertrauen zu ihr zerstört. Ich hatte gesehen, dass bei den Abstimmungen für oder gegen einen Streik nur betriebsfremde Herren von der Gewerkschaft die Stimmen auszählten. Wir Betriebsräte wurden dabei gar nicht in den Raum gelassen. Eigentlich, so hatte ich gedacht, müssten doch bei einer Abstimmung auch diejenigen mitzählen dürfen, die gegen einen Streik waren. Deshalb war die DDR ja niemals eine echte Demokratie gewesen, weil immer nur die Beauftragten einer einzigen Partei die Stimmen zählten. Auch bei uns kam immer eine mindestens fünfundneunzigprozentige Zustimmung zu dem von der Gewerkschaft gewünschten Streik heraus, obwohl ich bei persönlichen Gesprächen mit den Arbeitern von vielen erfuhr, dass sie mit Nein stimmen würden. Ich hatte mich auch geärgert, dass für die Frauen nie etwas getan wurde, und fühlte mich oft sehr viel schlechter behandelt als die Männer. In dieser Beziehung war es »drüben« erheblich besser gewesen.

Ich hatte in den ersten Jahren nach der Flucht zu den ärmsten Menschen gehört, die es in Heidelberg gab. Ich war mit fünf Rucksäcken, zwei Koffern, fünf Mark in der Tasche und vier Kindern im Alter von sieben bis dreizehn Jahren in diese Stadt gekommen. Ich besaß keinerlei Möbel und keinerlei Hausrat und musste mich und meine Kinder mit dem niedrigsten Lohn ernähren, der in der Fabrik an Ungelernte gezahlt wurde. Es gab nur wenige, die mit einem Gehalt, wie ich es in der neuen Firma bekam, allein vier Kinder ernähren und erziehen mussten. Dennoch empfand ich mit großer Dankbarkeit, dass wir überhaupt alle satt werden, uns kleiden und wieder Hausrat und Möbel anschaffen konnten.

Ich kenne von Natur aus kein Neidgefühl. Als ich ein Kind war, waren in meiner Klasse Töchter der reichsten Bankiers Deutschlands. Alle meine Freundinnen besaßen viel mehr Spielzeug, durften mehr Reisen machen und lebten in größerem Luxus als ich. Es gehörte zu den Zielen meines Vaters, uns zu bescheidenen, spartanischen, bedürfnislosen Menschen mit preußischen Idealen zu erziehen. Gelungen ist ihm dabei, dass sowohl meine Schwester als auch ich Luxus mehr verachteten als ersehnten. So war mir die Unzufriedenheit meiner Arbeitskollegen in der Fabrik und ihre Bereitschaft, für mehr Lohn und noch mehr Lohn zu streiken, immer unverständlich. Wir wussten doch alle, dass eine Lohn- oder Gehaltserhöhung nur auf dem Papier so aussah, als hätten wir nun mehr Geld. In Wahrheit war es immer so, dass eine Erhöhung augenblicklich auch ein Ansteigen der Preise mit sich brachte, sodass wir doch nicht mehr von unserem Geld kaufen konnten als vorher. Ich dachte immer, man solle doch lieber einen Käuferstreik anfangen, wenn die Preise unverschämt hoch wurden. Aber im Grunde war mir das ganz egal. Ich war so glücklich, nicht mehr in der DDR leben zu müssen, dass ich hier im Westen alles voll Bewunderung annahm, wie es war. Auch als eine der Ärmsten ging es mir hier doch sehr viel besser, und meine Kinder dankten mir täglich, dass ich den Mut aufgebracht hatte zu fliehen.

Mit ihnen ging es stetig aufwärts. Judith in Berlin bekam das zweite Kind nach Peter, Anna. Nella war an der Mannheimer Oper engagiert und bekam Ende 1965 einen unehelichen Sohn, Max. Betty hatte ihr Studium beendet und arbeitete im Krankenhaus. Susi hatte einen guten Posten beim Rundfunk in Baden-Baden. Keine meiner Töchter lebte mehr zu Hause. Dafür aber nahm ich vom Jugendamt geschickte Problemkinder bei mir auf. Deshalb war ich auch zu Hause in meiner Wohnung stets sehr beschäftigt und dachte nicht darüber nach, was mir denn noch fehlen könnte, um zufrieden zu sein. Traurig war für mich nur die Unmöglichkeit, mit gebildeten Menschen zusammenzutreffen, die meine geistigen Interessen teilten. Ich glaubte, viel zu wenig Geld zu haben, um Konzerte, Theater, Kinos oder Vorträge besuchen zu können. Außerdem fuhr nach 22 Uhr keine Straßenbahn mehr in unseren Vorort. Möglicherweise war ich auch zu sehr daran gewöhnt, mir das alles nicht leisten zu können. So arm wie am Anfang war ich ja nicht mehr, nachdem alle meine Kinder aus dem Hause waren. Für meine Hauptinteressen Philosophie und Religionsphilosophie Gesprächspartner zu finden wäre aber nur möglich gewesen, wenn meine Arbeitswelt sich im Umfeld einer Universität befunden hätte. So vertiefte ich mich ohne Anleitung und allein in meine Bücher, sobald ich Zeit dafür fand, und beschränkte mein Bedürfnis nach Menschen auf Kinder, Enkel und Pflegekinder.

Ich dachte viel darüber nach, warum sozialistische Regierungen, wie in der UdSSR, der DDR, Rumänien, Bulgarien, Ungarn, Kuba und so weiter, unfähig waren, demokratisch zu regieren. Es war doch ganz erstaunlich, dass die zehn Punkte, die Karl Marx als Ziel des Sozialismus formuliert hatte, hier in der Bundesrepublik theoretisch voll erfüllt waren, dass das aber niemand zu bemerken schien. Es war doch merkwürdig, dass man Menschen mit Gewalt und Terror und Verletzungen der Menschenrechte dazu zwingen musste, die angeblich angebotene »Gerechtigkeit« anzunehmen. Sozialistische Regierungen verhielten sich nicht anders als früher die Kirchen, die mit Feuer und Schwert, mit Morden und Martern die Menschen zur Glückseligkeit zwingen wollten. Mir schien das so, als ob sie glaubten, man müsse Pferde prügeln und peitschen, damit sie fressen. Offensichtlich scheint ja die Befriedigung des Hungers nicht, wie Marx glaubte, die stärkste Antriebskraft der Menschen zu sein. Ich las aufmerksam die Bücher der Verhaltensforscher Konrad Lorenz und Irenäus Eibl-Eibesfeldt, und in ihren Beobachtungen zeigte sich deutlich, dass die Arterhaltungstriebe (unter anderem die Herstellung der Hierarchie) bei allen Lebewesen erheblich stärker sind als ihre Selbsterhaltungstriebe.

Insgesamt habe ich über zwanzig Jahre in zwei Fabriken teils als Arbeiterin, teils als Angestellte gearbeitet und immer Vorgesetzte gehabt, die sich aus dem Arbeiterstand emporgearbeitet hatten. Aus meinem Blickwinkel von unten sahen sie ganz anders aus, als Marx und Engels sie aus ihrem Blickwinkel von oben mit Erbarmen und Mitleid gesehen hatten. Auch hier in der Welt der Arbeiter gab es Typen mit genau den hassenswerten Eigenschaften, wie man sie dem »Klassenfeind« unterstellte. Ich erlebte deutlich, dass aus »Erniedrigten und Beleidigten«, den so genannten

Proletariern, keineswegs zwangsläufig »bessere« Menschen erwuchsen als beim Klassenfeind. Kaum waren sie auf der Hierarchieleiter nach oben gekommen, konnten sie ebenfalls diejenigen, die nun unter ihnen standen, erniedrigen und beleidigen.

Ich habe in diesen zwanzig Jahren immer geistlose, roboterhafte, mechanische Tätigkeiten ausführen müssen. Stets habe ich mich danach gesehnt, eine Arbeit tun zu können, in der ich meine kreativen Fähigkeiten hätte entfalten können. Heute sind diese Wünsche in der Arbeitswelt eigentlich erfüllt, und zwar so wie für den Zauberlehrling in Goethes berühmtem Gedicht. Da wünscht ein Zauberlehrling, sich das blöde Wasserholen ersparen zu können, und in Abwesenheit des großen Zauberers sucht er nach einem Zauberspruch, der dem Besen befiehlt, für ihn das Wasser zu holen. Es funktioniert. Der Besen bringt Wasser, der Zauberlehrling braucht sich nicht zu plagen. Aber nun will er den Besen stoppen. Alle Gefäße im Hause laufen schon über. Verzweifelt sucht er nach dem Zauberspruch, dem Besen Einhalt zu gebieten, aber mit jedem neuen Versuch teilt sich der Besen nur in zwei neue, die beide Wasser holen, und schließlich sind es ganz viele Besen, in deren Wasser der Zauberlehrling zu ertrinken droht. Am Ende lässt Goethe den großen Zauberer nach Hause kommen, der alle Besen wieder zu ganz gewöhnlichen Besen macht und die Sintflut ablaufen lässt. Wir Menschen haben gemeint, uns die geistlosen und schmutzigen Schwerarbeiten ersparen zu können, und Maschinen erfunden, die uns diese Arbeiten abnahmen. Nun produzieren diese Maschinen Arbeitslose und eine Flut von Waren. Man kann ihr ständiges Anwachsen nicht mehr stoppen. Das Ziel allen Produzierens ist ein ständiges Wachstum. Längst drohen wir – wie der Zauberlehrling in den nicht aufzuhaltenden Wasserfluten – im Müll der überflüssigen Produkte zu ertrinken. Heute allerdings muss ich dankbar sein, dass ich in den Jahren von 1952 bis 1973 noch »Wasser schleppen« durfte.

Damals sah ich die Erfindungen, die in Zukunft für uns arbeiten sollten, noch mit anderen Vorbehalten. Ich glaubte und glaube auch noch heute, dass die Erfindungen der neuesten Zeit, immer mehr Arbeiten durch elektronische Geräte und Computer ausführen zu lassen, eine ähnlich radikale Veränderung des Systems menschlicher Gemeinschaftsarbeiten herbeiführen werden, wie es in der Vorzeit die Erfindung des Ackerbaus und der Viehzucht taten. Damals wurden aus Jägern und Sammlern Vieh züchtende Nomaden und Bauern. Was heute aus uns wird, ist noch nicht abzusehen. Ich fasste meine damaligen Sorgen in die folgenden Verse:

Schöpfungsgeschichte

Wir waren im Laufe der Evolution
Einzeller, Fische und Eidechsen schon.
Als Säugetier wurden wir das, was wir sind,
das lernt in der Schule schon jedes Kind.
Wir nährten uns vom Sammeln und Jagen
und hatten im Paradies keine Plagen.

Doch einmal vor einigen zehntausend Jahren,
als Frauen noch völlig gleichwertig waren,
entdeckten sie, dass vom männlichen Samen
Früchte und Kälber und Kinder herkamen.

So erfanden sie Viehzucht und Äcker zu bauen,
und aus war es mit der Freiheit für Frauen.

Die Männer verwechselten sie mit den Rindern
und hielten sie nur noch zum Züchten von Kindern,
als Eigentum, nicht mehr als freie Gefährten.
So konnten die Menschen nicht menschlich mehr werden.
Die Männer durften allein nun regieren,
das konnte zu massenhaft Kriegen nur führen.

Doch heute ist etwas geschehn, was erneut
die Welt ganz verändert und die Frauen befreit.
Die Männer entdeckten, dass Elektronen
die Arbeit verrichten und Hände dann schonen.
Wozu man früher Menschen benötigt,
wird heute alles per Knopfdruck erledigt.

Doch das führt nun wieder zu neuen Defekten.
Vielleicht verwandeln wir uns in Insekten.
Die Frauen werden zu Arbeiterbienen,
die nur noch mechanisch Computer bedienen,
die ganz befreit sind von anderen Pflichten
und lustlos auf Männer und Kinder verzichten.

Die Männer werden durch Mutationen
in Zukunft sicher etwas wie Drohnen,
die einmal im Leben den Samen nur spenden
und danach ihr unnützes Leben beenden.

Doch einige werden ins Weltall noch fliegen,
um einen neuen Planeten zu kriegen,

wo sie das Leben dann wieder hintragen,
womit wir auf Erden so kläglich versagen.

Dann fängt dort alles von vorne an,
und Adam ist wieder der erste Mann.

Zweites Kapitel

Der Enkel und seine Philosophie

Seit 1965 betreute ich meinen Enkel Max nach Feierabend, nachts und an meinen arbeitsfreien Tagen und Sonntagen. Meine freiberuflich tätige Tochter Nella nahm sich ihre Freizeiten, wenn ich in die Fabrik musste. Zeitweise hatte ich ihn zusammen mit irgendeinem größeren Pflegekind in der Wohnung. Wie früher die viele Arbeit und das mangelnde Geld, so hinderte mich jetzt der kleine Schlafbursche an der Teilnahme am kulturellen Leben Heidelbergs. Ich konnte ja aber auch zu Hause lesen und mir allein meine Gedanken machen.

Für dieses Kind hatte ich erheblich mehr Zeit, als ich je für meine eigenen Kinder hatte aufbringen können. Musste meine kleine Susi noch seufzen: »Die Evelin hat's gut, die kriegt wenigstens immer Haue«, weil es ihr so sehr an Beachtung fehlte, so konnte ich diesem kleinen Kerl meine gesamte Aufmerksamkeit widmen. Da ich außer meinen Arbeitskollegen in der Fabrik und meinen Hausnachbarn keine weiteren Kontakte hatte, war diese Aufmerksamkeit ganz besonders intensiv. Die anderen Enkelkinder liebte ich auch sehr, sah sie aber viel seltener und meist in Anwesenheit ihrer Mütter. Daher wusste ich von der Beschaffenheit ihrer kleinen Seelen erheblich weniger als von Max. Ich hatte meine Töchter schon, wie ich mir vorwarf, aus

Schwäche und Unfähigkeit ziemlich antiautoritär erzogen. Nella nun entschloss sich wegen der damals herrschenden Ansichten aus freiem Willen, auf jede Autorität zu verzichten. Sie machte es so, wie es damals alle modernen, mit Absicht antiautoritär erziehenden Mütter machten. Max drehte an den Knöpfen des Fernsehers herum, und Nella rief: »Max, bitte lass das – Max, bitte, bitte lass das – Max, bitte, bitte, bitte lass das«, und wenn er es dann doch nicht ließ und weiter drehte und schraubte, seufzte sie und sagte: »Aber bitte, mach's nicht kaputt.« Nella fragte jedes Mal, willst du dies haben oder das, willst du dies anziehen oder das, willst du jetzt dies tun oder das, willst du dies essen oder das? Max verstand das als Angebot von allen beiden Möglichkeiten und brüllte, wenn er außer diesem nicht auch das bekam. Ich habe durch eigene Fehler erfahren, dass Gehorsam für Kleinkinder ein unverzichtbarer Schutz vor Gefahren ist und dass nichts bei ihnen mehr Tränen und Gebrüll auslöst als das Wörtchen »oder«. Ehe Kinder begreifen können, was »oder« bedeutet, müssen sie gelernt haben, was die Wörter »nein« oder »ja« für Folgen haben. Das Trotzalter ist dann später dazu da, eigene Entscheidungen fällen zu lernen.

Da Nella und ich getrennt voneinander wohnten und fast nie bemerkten, wie unterschiedlich wir mit dem Kind umgingen, gab es aber keine Misshelligkeiten.

Wegen der Unmöglichkeit, bestimmte Termine einzuhalten, konnte Max den Kindergarten nicht regelmäßig besuchen, sondern wurde nur gelegentlich für ein paar Stunden dort abgeliefert. Einmal war die Tagesstätte gerade geschlossen, und eine Kindergärtnerin nahm den Kleinen mit auf den Jahrmarkt. Sträflicherweise setzte sie sich mit ihm in eine Geisterbahn. Neben der Mondlandung, die Max auch als Dreijähriger erlebte, war diese Geisterbahnfahrt das nachhaltigste und folgenreichste Erlebnis seines Kinderlebens. Ich musste lange Aufklärungsarbeit leisten und viele Gespräche mit ihm führen, bis er aufhörte, sich vor dem Einschlafen zu fürchten.

In dieser Zeit ging ich einmal mit ihm in Heidelberg spazieren und zeigte ihm die Heiliggeistkirche. »Sind da heile Geister drin?«, fragte er. Ich erklärte ihm, wie zuvor schon oft, den Unterschied zwischen Gottes Geist, den man den Heiligen Geist nennt, unserem Menschengeist und Gespenstern. Er schwieg dazu und wartete einige Tage. Dann drehte er plötzlich meinen Kopf herum, sodass ich ihn ansehen musste, und sagte: »Du, Oma, ich weiß was. In meinem Kopf sind zwei Zimmer. Zwischen den Zimmern ist eine Tür. Da geht immer der Heile Geist rüber zum Menschengeist und sagt guten Tag, und dann geht der Menschengeist zum Heilen Geist und sagt auch guten Tag. Und dann reden sie alle beide, und ich kann doch nicht wissen, wer es ist, der mir was sagt. Die sind ja im Kopf, und ich seh sie ja nicht. Da kann ich doch nichts dafür, wenn ich was Falsches mache und das tu, was der blöde Menschengeist will, und ungezogen bin.«

Diese Philosophie meines Enkels brachte mich später zu einer Erkenntnis, die mich seitdem bis heute ins hohe Alter mehr und mehr getragen hat. Ihr habe ich zu verdanken, dass ich mich in meiner Haut immer wohler fühle, obgleich ich doch körperlich immer mehr welke. Mir wurde klar, dass es eher atheistisch ist, sich Gott als ein menschenähnliches Geistwesen vorzustellen, das dazu da ist, uns aus allen Schwierigkeiten und Nöten herauszuhelfen, das man du nennen und dem man als Partner gegenüberstehen kann, als wenn man bescheiden und demütig erkennt, dass Gott unserem Gehirn unvorstellbar ist. Das Gebot ist ganz ernst zu nehmen, »du sollst dir kein Bildnis noch Gleichnis machen«. Nun denke ich mir, dass dieser Geist Gottes jedem Lebewesen seinen Willen und sein Gesetz ins Gehirn sendet. Das Hirn muss dafür eingerichtet sein, auszuführen, was ihm der Geist befiehlt. Es ist ein Organ wie alle anderen Organe auch und kann nur funktionieren, wenn ihm wie dem Magen, der Niere, der Leber und so weiter von außen etwas zugeführt wird, was es verarbeiten soll. Wenn unser Gehirn Geist entwickelt, so ist ihm von der Natur zuvor Geist eingegeben worden, und das Hirn hat diesen Geist in Menschengeist gewandelt. Wir können also unser Hirn mit einem Radio vergleichen, das zunächst nur einen Kurzwellenempfänger und -sender hatte. Durch ihn sendet uns der Geist Gottes die Befehle für Instinkte und Triebe. Das Gehirn konnte nicht anders, als diesen Befehlen unbedingt zu gehorchen. Die Vernunft ist nun das Produkt des von Gott eingegebenen Geistes und weist uns den Weg, wie wir die Befehle, die wir aus dem Kurzwellensender hören, erfüllen können. Eine derartige Vernunft hat auch jedes Tier mehr oder weniger. Beim Menschen kann diese Vernunft sehr groß und sehr mächtig werden.

Dann baute die Natur in unserem Kopf (Radio) auch einen Langwellensender und -empfänger ein. Aus diesem erklangen nun neue Befehle und Gebote für ein Verhalten, das nicht der Selbst- und Arterhaltung unseres tierischen Fleisches dienen sollte. Der Menschengeist spürte, dass er selber aufgefordert wurde, sich zu wandeln und etwas

Geistiges (man nennt es Seele) aus sich zu entwickeln, was nach dem Tode weiterleben kann.

Ich sehe Sinn und Aufgabe meines Lebens darin, die zwei Geister in meinem Kopf unterscheiden zu lernen und dem Geist, der zu mir aus der Langwelle spricht, nach Möglichkeit zu gehorchen.

Drittes Kapitel

Die Mondlandung

Unvergesslich zu meinen Lebenserinnerungen gehört die Mondlandung im Juli 1969. Schon jahrelang war immer die Rede davon gewesen, dass dies vielleicht eines Tages möglich sein würde. Ich konnte das nie recht glauben, denn der Mond war für mich niemals nur ein Erdtrabant gewesen. Er war für mich genau wie für die Menschen der Antike ein Licht, welches die Nacht erhellte, ein kleines Gegenstück zur Sonne. Auch bei ihr war es mir schwer vorstellbar gewesen, dass wir Erdenmenschen es sind, die um die Sonne kreisen, und nicht sie um uns. Der Mond war etwas so Geheimnisvolles, dass er in meinen kindlichen Begriffen zur Gefühlswelt gehörte. In Ahrenshoop hatten wir einmal eine Cousine gefragt, ob sie einen Sonnenbrand habe, weil sie so rot war. Ein Cousin sagte darauf spitz: »Nee, die hat eher einen Mondbrand.« Er hatte sie nämlich erwischt, wie sie mit einem Jungen bei Mondschein spazieren gegangen war. Seitdem hießen bei uns nächtliche Spaziergänge mit einem Flirt: »Sie gehen mondbranden.« Wenn ich als Backfisch Liebeskummer hatte, ging ich allein in der Nacht am Strand entlang oder über die Felder und klagte dem Mond mein Leid. Immer sah ich den »Mann im Mond« ganz genau und bildete mir ein, er sähe mich auch. Gut kann ich verstehen, dass man in der Antike den Mond als Göttin

Luna anbetete. Eine ähnliche Beziehung zu ihm hatte auch ich in meiner frühen Jugend.

Ich las noch ziemlich interesselos Berichte über eine mögliche Mondlandung. Aber eines Tages wurde mir schlagartig bewusst, dass die Menschen tatsächlich und ohne jeden Zweifel versuchen wollten, den wahnsinnigen Versuch zu wagen, auf dem Mond zu landen. Das war der Tag, an dem die erste unbemannte Mondrakete wirklich startbereit war. Es war mir damals unbegreiflich, dass es Menschen gab, die nicht ebenso erschüttert waren wie ich über den in der Weltgeschichte ersten Versuch von Erdenwesen, den ihnen zur Verfügung stehenden Planeten zu verlassen.

Elf Jahre später war es dann so weit. Am 21. Juli 1969 sah ich mir die Fernsehübertragung allein an. Nella war mit Max bei Freunden in der Schweiz. Ich wusste aber, dass der kleine Max mit dem gleichen glühenden Interesse wie ich diese Sendung verfolgte. Der Astronaut Armstrong stieg die Treppe seines Fahrzeuges herunter, setzte seinen Fuß auf den Mond und sagte: »Ein kleiner Schritt für einen Menschen, aber ein großer Schritt für die Menschheit.«

Die Frage, ob wir das dürfen, stellt sich mir seitdem auf immer bedrängendere Weise. Ich stelle mir vor, ein Staaten bildendes Insekt, wie etwa eine Ameise, krabbelte auf meinem Fernseher herum und stellte sich die Frage: »Wo kommt das her, was unter meinen Füßen so farbig flimmert?« Sie würde herausfinden, dass der Stecker Strom in das Gerät leitet, und würde versuchen, die Herkunft dieses Stroms zu ergründen. Natürlich würde sie beim ersten Kontakt mit dem Strom getötet werden, und sie hätte doch niemals etwas von der Fernsehanstalt in Köln oder Mainz oder Berlin, ihren Intendanten, Regisseuren und Technikern erfahren, niemals etwas von der Elektrizität und den Möglichkeiten, sie zu nutzen. Das alles ginge sie gar nichts an. Ihr Ameisengehirn ist so beschaffen, dass sie nur das ergründen, erfahren und wissen darf, was für sie bestimmt ist. Sie wird auch niemals erfahren, dass es Wale gibt und dass es ein Fußballspiel gibt oder dass es Fabriken gibt, die Kupplungen herstellen. Trotzdem ist sie ein Lebewesen wie wir, das immer bestrebt ist, Neuland zu finden zur Gründung eines neuen Staates. Kann sie auf dem Fernseher jemals einen neuen Staat gründen?

Andererseits, wenn alles, was Lebewesen tun und zu tun wünschen, nach Gottes Gesetzen als elementarer Trieb angelegt ist, deutet dieses Experiment mit der Mondlandung nicht darauf hin, dass wir eines Tages doch noch eine Aufgabe im Kosmos erfüllen sollen? Eins steht fest: In der seelischen und geistigen Verfassung, in der wir uns jetzt noch darstellen, als vernünftige Tiere, die sich vorläufig nur in zwei Prozent ihrer genetischen Ausstattung von den Schimpansen unterscheiden, werden wir noch keine höhere Aufgabe erfüllen können. Ich bin froh, dass wir auf dem Mond noch keine Schätze gefunden haben, die uns nützlich sein können. Wenn ich den Mond hier in Ahrenshoop am Himmel scheinen sehe, obwohl ich fast blind bin, dann denke ich: »Guter Mond, du gehst so stille durch die Abendwolken hin«, und freue mich, dass wir ihn vorläufig noch in Ruhe lassen müssen.

Viertes Kapitel

Mein Vater

Manchmal kann ich es gar nicht fassen, dass ich wieder in dem wunderschönen Haus wohne, das mein Vater als junger Architekt für die Familie seines Schwiegervaters baute. Oft werde ich gefragt, sind Sie verwandt mit dem Architekten Hans Grisebach in Berlin, in der Fasanenstraße? Dann muss ich antworten, dieser Architekt Hans Grisebach starb am Anfang des 20. Jahrhunderts und war der Onkel meines Vaters. Er hat sich das Haus in der Fasanenstraße als Wohnhaus gebaut, und heute ist es ein berühmtes Auktionshaus. Hans Grisebach war ein Modearchitekt der Gründerjahre. Mein Vater stammte väterlicherseits aus einer Familie, die seit dreihundert Jahren vorwiegend Juristen und einige berühmte Geisteswissenschaftler hervorbrachte. Mütterlicherseits stammte er aus einer adligen Hugenottenfamilie. Die Grisebachs waren in der Regel etwas trockene, etwas kühle Intellektuelle, von ruhigem, verschlossenem Wesen. Die Hugenottenfamilie seiner Mutter hatte ein lebhaftes, fröhliches, aufgeschlossenes Temperament, war warmherzig und liebenswürdig und hat einige begabte Maler hervorgebracht. Ihre emotionale Intelligenz war größer als die rationale, und es gab unter ihnen einige, die immer noch stolz auf ihre adligen Namen waren. Die Mutter meines Vaters starb bei seiner Geburt. Sie war die älteste von zehn Schwestern und zwei Brüdern. Sechs dieser Schwestern wurden an Adlige, an Grafen und Barone, verheiratet. Meine Großmutter bekam einen Bürgerlichen, der im Ansehen Adligen ebenbürtig war. Er war Kammerpräsident am Hof des Fürsten Stolberg-Wernigerode. Drei Schwestern weigerten sich, an Witwer mit vielen Kindern verheiratet zu werden, und blieben ledig. Die zwölf Geschwister stammten von drei Frauen, die beiden ersten starben an Kindbettfieber. Daran starb auch meine Großmutter bei der Geburt meines Vaters. Mein Vater hat uns nicht mit seinen Verwandten bekannt gemacht. Er hat uns ganz der Daubler'schen Familie meiner Mutter anvertraut. Er gab uns aber Unterricht im Auswendiglernen der Namen und Vornamen seiner sechsundfünfzig Cousins und Cousinen. Wir hatten gar kein Interesse daran und behielten diese Namen nie.

In der Daubler'schen Familie meiner Mutter, die eigentlich nur zum bürgerlichen Geldadel gehörte, hatten wir auch adlige Verwandte durch die Heirat meiner Tante Hedwig mit einem pommerschen Großgrundbesitzer. Diese Cousins und Cousinen wuchsen teilweise mit uns hier in Ahrenshoop, teilweise auf ihrem Gut in Pommern auf und wurden von Tante Hedwig bestraft, wenn sie uns Grisebachkinder hochnäsig und von oben herab behandelten. Das taten sie aber wohl kaum aus Adelsstolz, sondern weil ihre Mutter uns verwaiste Grisebachs, die Kinder ihrer verstorbenen Schwester, sehr liebevoll an ihr Herz zog. Jedes Kind wird eifersüchtig, wenn die Mutter ein fremdes Kind auch liebt. Tante Hedwig legte großen Wert darauf, ihre Kinder vor einem dummen Adelsdünkel zu bewahren.

Mein Vater wurde als Halbwaise wie ich von Haushälterinnen und Dienstmädchen erzogen und spielte in den Familien seiner Verwandtschaft wie ich die Rolle des »armen Waisenkindes«, das man als nicht ebenbürtig empfand. Da er ein sensibler, verschlossener Mensch war, zog er sich nach dem allzu frühen tragischen Tod seiner geliebten jungen Frau, meiner Mutter, mit der er nur von 1911 bis 1914 hatte glücklich sein dürfen, in sich selbst zurück. Er ging ganz in seiner Arbeit auf und verstand es leider wenig, mit Kindern umzugehen. Man sagte von ihm, er vergöttere seine Kinder, aber uns gegenüber fühlte er sich verpflichtet, seine Gefühle nicht zu zeigen, damit wir nicht geltungsbedürftig und eitel würden. Er erzog uns ganz nach den Prinzipien des preußischen Adels, wie sie die Gräfin Dönhoff in ihren Lebenserinnerungen beschrieben hat. Er war sparsam, kaufte sich nie ein Auto und legte alles Geld in einem großen Mietshaus im Berliner Westend an. Die Inflation hatte ihn gelehrt, dass man der Bank kein Geld anvertrauen dürfe. Dieses Mietshaus mit einem großen Garten und einem Portier war seine Altersversorgung und das, was er seinen Kindern einmal hinterlassen wollte. Es hatte dreizehn große Wohnungen.

Meine Schwester Annemarie war ihm in ihrer kühlen, spröden Verschlossenheit sehr ähnlich. Als Kind ist er einsam in den Wäldern des Harzes umhergestreift und hat Vögel beobachtet. Er konnte wunderbar zeichnen und malte ein Vogelbuch; sämtliche Stimmen der darin gezeichneten Vögel konnte er nachahmen. Eine Tochter meiner Schwester Annemarie hat dieses Interesse geerbt. Wir anderen haben nichts davon mitgekriegt, weil mein Vater es nicht verstand, mit Kindern zu sprechen. Wenn wir mit ihm spazieren gingen, was wir häufig taten, blieb er immer stumm. Er hat uns niemals etwas erklärt oder gezeigt. Auch für die Pflanzen oder Bäume in seinen Schrebergärten hat er mich nie begeistern können. Es ist sehr schade, wenn jemand mit einer großen Begabung sich nicht mitteilen kann.

Mein Vater glaubte uns eine Stiefmutter ersparen zu müssen und heiratete erst 1936, dem Jahr, in dem ich heiratete, das zweite Mal. Auch diese Frau liebte er sehr, aber auch diese Ehe fand ein frühes Ende, seine Frau starb im Zweiten Weltkrieg bei einem Fliegerangriff. Mein Vater weigerte sich, in die nationalsozialistische Partei einzutreten, und erhielt deshalb als freier Architekt keine Aufträge mehr. Es blieb ihm nichts übrig, als in Dresden eine Stelle als angestellter Architekt eines großen Betriebes für Glasbausteine anzunehmen. Dort erlebte er den entsetzlichen Untergang Dresdens, verlor alles, was er an Wertsachen dort deponiert hatte. Er kam nach Berlin zurück, aber seine Bauten waren fast alle zerstört. Das Haus in der Badenallee im Westend war jedoch unversehrt, und er zog in eine der Wohnungen. Mir kommen immer noch die Tränen, wenn ich daran denke, dass dieser nun wieder so einsame Mann täglich an den Trümmern seiner Bauten vorüberging, die sein Lebenswerk gewesen waren. Er hat auch in Pommern viel gebaut, aber auch dort wurde alles verbrannt oder zerstört.

Man setzte ihm nach dem Krieg ausgebombte allein stehende Frauen in die Wohnung, die alle hofften, den Hausbesitzer heiraten zu können, um im Alter versorgt zu werden. Nachdem eine dieser Damen aus mir unbekannten Gründen Selbstmord verübt hatte, obwohl mein Vater sich fast schon für sie entschieden hatte, heiratete er in den fünfziger Jahren, als er schon siebzig Jahre alt war, eine Malerin, die Edelgunde hieß. Ich weiß nicht, warum, aber irgendwie graute mir vor dieser Frau. Meinem kleinen Enkel Max ging es, als er drei Jahre alt war, ähnlich. Ich hatte ihn nach Berlin mitgenommen, wo ich Judith besuchte, und wollte ihn seinem Urgroßvater vorstellen. Nach meinem Klingeln machte Edelgunde die Tür auf, und da bekam der Kleine einen Schreianfall und ließ sich um alles in der Welt nicht in diese Wohnung tragen. Ich musste mit ihm wieder fortgehen und dann allein zurückkehren. Ähnlich ist es mir auch einmal gegangen (natürlich ohne Schreianfall), als ich die ersten Fotos von Hitler sah. Meinen Vater schien weder bei Edelgunde noch bei Adolf Hitler innerlich etwas zu warnen. Er hat Hitler für einen Emporkömmling aus der Unterschicht gehalten, der ihm unsympathisch war, den er aber nicht ernst zu nehmen brauchte. Edelgunde hat er nicht geliebt, er hielt sie für ein bisschen verrückt, doch er brauchte sie, weil es ihm unmöglich war, allein einen Haushalt zu führen. Er hatte immer Haushälterinnen und Dienstmädchen gehabt. Er hat sich in seiner Ehe viel über Edelgunde geärgert, weil sie ausgesprochen streitsüchtig war, aber als ich ihn einmal auf einem Spaziergang bedauerte, sagte er (ganz Sohn eines Kammerpräsidenten am Hof des Fürsten Stolberg-Wernigerode): »Ach, das stört mich nicht weiter, ein bisschen Hofjungenärger braucht der Mensch.«

Diese Frau Edelgunde muss gegen mich einen ähnlichen Widerwillen empfunden haben wie ich gegen sie. Sie hat wohl sehr gefürchtet, ich könne ihr die Vorerbschaft streitig machen, die ihr mein Vater bei der Heirat als Lohn für ihre Tätigkeit als Haushälterin versprochen hatte. Dabei hatte ich selbst meinem Vater dringend zugeredet, ihr die Vorerbschaft über sein Haus zu vermachen. Sonst würde es bei der Erbauseinandersetzung große Schwierigkeiten geben. Laut Erbgesetz steht einer Witwe die Hälfte des Erbes zu, und die Kinder müssen sich vorläufig die andere Hälfte teilen. Später sind sie dann Nacherben von allem. Ohne Vorerbschaft der Witwe muss die Teilung der gesamten Erbmasse sofort nach dem Tode des Erblassers erfolgen, was bedeutet, dass eine Liegenschaft meistens sofort verkauft werden muss. Mein Vater wollte aber, dass dies Haus als eine lebenslange Rente einmal auf seine Kinder kommen sollte. Wenn sie Vorerbin war, durfte sie das gesamte Erbe bis zu ihrem Tode nutzen, und erst danach durften wir Kinder, Annemarie, Karl-August und ich, je unser Drittel bekommen. Wer schnell Geld haben wollte, konnte nur Barauszahlung des Pflichtteils verlangen. Der Pflichtteil ist die Hälfte des jemandem zustehenden Erbteils, bei dem er auf die andere Hälfte verzichtet. Oft ruiniert die Auszahlung eines Pflichtteils den Haupterben, weil er zum Beispiel zum Verkauf des geerbten Hauses gezwungen wird. Mein Vater wollte also mit dem Einsetzen seiner Witwe als Vorerbin das Haus für die Zukunft seiner Nachkommen sichern. Schlimm wäre es gewesen, wenn mein Vater seine Witwe als befreite Vorerbin eingesetzt hätte. Eine befreite Vorerbin kann zu Lebzeiten alles verkaufen und verschleudern und braucht den Nacherben nichts übrig zu lassen. Das hatte mein Vater aber nicht verfügt, wie er mir schrieb: »Ich habe Edelgunde zur Vorerbin eingesetzt, damit nichts geschieht, wozu nicht alle drei Nacherben ihr Einverständnis geben.«

Schon im Jahr 1970 war Edelgunde bei einem Besuch von

mir sehr merkwürdig und misstrauisch gewesen und machte Andeutungen, als wolle ich sie um ihr Erbe bringen. Im Mai musste ich mehr als vierzehn Tage verreisen und rief in dieser Zeit meinen Vater nicht wie sonst jeden Samstag an. Ich kam Anfang Juni gerade zurück von meiner Reise, da klingelte das Telefon. Edelgunde war am Apparat. Sie sagte: »Dein Vater ist vor drei Tagen gestorben. Du brauchst nicht nach Berlin zu kommen vor der Trauerfeier. Er ist schon im Krematorium. Ich habe Verbrennung angeordnet. Und dass du's nur weißt, ich bin Vorerbin.«

Ich fuhr natürlich doch nach Berlin, wohnte bei Judith und traf meine Geschwister. Es stellte sich heraus, dass mein Vater schon vierzehn Tage vor seinem Tod ins Krankenhaus gekommen war, obwohl Edelgunde mir sagte, er sei gleich nach einem Sturz dorthin gekommen und zwei Tage später gestorben. Das Krankenhaus lag direkt gegenüber der Wohnung, in der Judith lebte. Die hatte Edelgunde auch erst drei Tage nach Vaters Tod benachrichtigt. Judith hätte ihn täglich besuchen können. So hatte der Siebenundachtzigjährige vierzehn Tage ohne jeden Besuch oder Abschied von seinen Nächsten in der Klinik gelegen. Betty hatte mir erzählt, der Großvater habe während meiner Abwesenheit bei mir angerufen, aber so merkwürdig gesprochen, dass sie ihn nicht verstanden habe. Sie hatte gedacht, es genüge, mir das zu sagen, wenn ich wieder zu Hause sei. Er hatte mich also noch zu Hilfe rufen wollen. Der Arzt sagte, er habe den Patienten auf den Anruf seiner Frau hin morgens um 10 Uhr auf dem Boden im Wohnzimmer liegend vorgefunden, wo er seit dem Abend um 22 Uhr vergeblich um Hilfe rufend gelegen habe. Seine Frau habe wohl Ohropax in den Ohren gehabt und ihn nicht gehört.

Er sei über leichte Teppiche ausgerutscht, die sie tags zuvor an der Tür von einer Zigeunerin gekauft hatte und die er nicht gewohnt war. Ich ging dann auch noch ins Krankenhaus und befragte den Pfleger, der meinen Vater während seiner letzten vierzehn Tage versorgt hatte. Er war erstaunt zu hören, dass der alte Mann Kinder habe. Die Frau habe bei der Anmeldung im Formular angegeben, er sei kinderlos. Er habe sich gewundert, dass ein alter kinderloser Mann nach seinen Kindern rief. Außerdem sei während der ganzen Zeit niemand mehr bei dem Kranken gewesen, weil mein Vater es sich verbeten habe, dass diese Frau ihn besuchte. Am Anfang habe sie ihm Portweinflaschen unter der Bettdecke versteckt, obwohl der Arzt ausdrücklich angeordnet hatte, der Patient dürfe keinen Alkohol trinken. Danach hatte mein Vater sie nicht wieder sehen wollen und sei schließlich ganz allein gestorben.

Das alles machte mich völlig fertig. Bei der Trauerfeier sagte Edelgunde, das Testament hätte mein Vater in einem Vorort von Berlin bei einem Anwalt hinterlegt, den niemand ohne Auto erreichen könne. Zu einem Essen nach der Trauerfeier erschien Edelgunde nicht bei Judith, die alle Trauernden eingeladen hatte. Karl-August führte das Wort und versprach, die Erbangelegenheiten für uns zu regeln. Im August erhielt ich von ihm das Testament, und darauf stand, mein Vater mache seine Frau zur *befreiten* Vorerbin. Das bedeutete, sie konnte, wenn sie wollte, alles verkaufen und uns nichts übrig lassen. Ich ließ das Testament von einem Notar mit dem letzten Brief meines Vaters vergleichen, der in klarer Handschrift geschrieben war. Dieser stellte eindeutig fest – er erkannte das an mehreren untrüglichen Zeichen –, dass das mir zugesandte Testament in Bezug auf das Wort »befreit« gefälscht war. Ich verzichtete aus Trauer und Empörung um meines Vaters und der Ehre der Familie willen ganz auf eine gerichtliche Anzeige und mein gesamtes Erbteil. Nach dem Tode Edelgundes verkaufte mein Bruder das Haus. Er gab mir von dem Erlös nur einen Bruchteil dessen, was mir als Pflichtteil zugestanden hätte. Ich gab das Geld meinen Töchtern.

Ich habe lange geglaubt, Edelgunde sei eine böse Frau gewesen, der einzig wirklich böse Mensch, den ich kannte. Heute wird mir klar, dass sie aus purer Angst gehandelt hat, ich könnte ihr ihre Altersversorgung rauben. Sie traute mir aufgrund meiner Armut zu, sofort das Pflichtteil zu fordern. Nach dieser Geschichte, die sich über ein Jahr hinzog, wurde ich krank und musste häufig in der Fabrik fehlen. Schließlich behauptete der Krankenkassenarzt, dass ich nicht wieder gesundgeschrieben werden könne und Rente beantragen müsse, obwohl ich noch nicht sechzig war. Mein Rentenantrag wurde nicht bewilligt, da der Vertrauensarzt der Rentenversicherung meinte, halbtags könne ich noch arbeiten. So verdiente ich bis 1973 als Schreibkraft in einem Anwaltsbüro ein Drittel meines vorigen Gehalts und bekam weder Rente noch Krankengeld. Erst 1973 erhielt ich dann mein Altersruhegeld. Meine Töchter haben mich bis dahin durchgefüttert. Hätte nicht mein kleiner Enkel Max seit 1965 bei mir gewohnt, so hätte ich mich von der schweren Depression, an der ich noch sechs Jahre nach dem Tod meines Vaters litt, nicht wieder erholt.

Fünftes Kapitel

Die Depression

Nachdem ich mich entschlossen habe, vom letzten Drittel meines Lebens auch noch zu erzählen, merke ich, dass ich die Romanform nicht länger beibehalten kann. Lassen wir deshalb die Erika Kernrebe ganz beiseite. In ihr haben so viele sich wiedererkannt. Was nun für die alte Agnes Grisebach kam, mögen andere Frauen auch erlebt haben. Ich wurde in den siebziger Jahren eine andere. Der Tod meines Vaters mit seinen verdächtigen Begleitumständen war es nicht allein, warum ich damals in die Hölle tiefster Depression fiel, aus der ich dann heute so wunderbar wieder herausgekommen bin.

Ich habe meinem kleinen Enkel Max einmal bewusst machen wollen, dass die Erde rund ist. Um ihm das zu demonstrieren, dachte ich mir eine kleine Geschichte aus:

Es war einmal ein kleiner Junge, dem schenkte ein Zauberer Siebenmeilenstiefel, die noch viel mehr konnten, als nur sieben Meilen mit einem Schritt zu gehen. Man konnte mit ihnen über jedes Wasser laufen, über alle Häuser und Wälder hinweggehen und jedes Hindernis, das sich vor ihnen auftat, wegzaubern. Nun geh mal los, sagte der Zauberer. Immer in die Richtung der Sonne. Aber immer nur geradeaus. Wenn du nicht immer geradeaus gehst, immer der Sonne nach, wirst du nie an dein Ziel kommen. Also lief der

Kleine los, und es ging wie der Blitz. Er marschierte über Berge und Seen und Flüsse, durch Städte und Wälder und erlebte dabei lustige Abenteuer, überstand aber auch oft Gefahren. Mal war ihm zu heiß, mal war ihm zu kalt, manchmal wurde er auch klitschnass, und manchmal dachte er, jetzt kann ich nicht mehr. Aber er gehorchte und ging immer weiter geradeaus und behielt immer die Sonne im Blick. Endlich kam er an ein großes Meer. Da stiegen Nebel auf, und er konnte die Sonne nicht so gut sehen, und es passierte gar nichts. Er sah keine Menschen mehr und immer nur Wellen, die über ihm zusammenzuschlagen drohten. Und wenn der Sturm ihm um die Ohren blies, dann zitterte er und fror. Aber wenn die Sonne auch schwer zu sehen war, richtete er sich doch immer nach der Helligkeit hinter den Wolken und ging immer weiter, immer weiter geradeaus. Als das Meer zu Ende war, kam er gottlob wieder an Land und freute sich, Pflanzen und Tiere und Menschen wieder zu sehen. Aber noch war ihm alles fremd, wie schon während seiner gesamten Reise. Plötzlich jedoch glaubte er eine Landschaft und eine Stadt zu erkennen.

Er dachte, das gibt's doch gar nicht, ich bin doch furchtbar weit von zu Hause fort, aber da war sie wieder, die Stadt, in der er wohnte, und das Haus seiner Eltern, und da stand auch schon der Zauberer. Ich bin doch so lange so weit weg von zu Hause gelaufen, und nun komm ich wieder am Ausgangspunkt an, ich bin vom Anfang zum Anfang gelaufen, rief der Junge erstaunt. Wie ist das möglich? Und was antwortete ihm da der Zauberer?

»Weil die Erde rund ist!«, schrie mein kleiner Enkel Max.

Bei meinen Überlegungen, was ich von meiner Lebensreise erzählen kann, fiel mir diese Geschichte ein. Nach dem Tod meines Vaters verlor ich allen Mut, wie der Junge allein auf dem Meer. Ich hatte keinen einzigen Menschen mehr, der mich kannte oder irgendetwas von mir wusste. Mein Vater war tot, meinem Bruder hatte ich mich ganz entfremdet, Annemarie und ihr Mann waren im undurchdringlichen Nebel der DDR für mich verschwunden und wegen der Mauer unerreichbar. Von Annemarie bekam ich hin und wieder Briefe, aus denen hervorging, dass ich wohl mit meiner Erbgier die arme Edelgunde zu ihrem Verhalten getrieben hätte. Überhaupt schien sie, seitdem sie 1954 freiwillig in die DDR gezogen war, alles zu glauben, was dort über uns Westdeutsche in den Zeitungen stand. Sie schien mir innerlich vorzuwerfen, dass ich nur aus unersättlicher Geldgier in den Westen gegangen sei und das unter Schmerzen von ihr geopferte Ahrenshooper Haus im Stich gelassen hätte. Mein Motiv sah sie im Wunsch nach Luxus. Ich wusste nie, ob sie diesen Unsinn nur schrieb, damit die Stasi ihn lesen konnte und sie für eine getreue Kommunistin hielt und damit sie sich als Pfarrersfrau von dem Verdacht befreien konnte, nicht die Ansichten der SED zu teilen, oder ob sie wirklich ernstlich vergessen hatte, dass ich genauso bedürfnislos war wie sie. Wir kannten uns beide überhaupt nicht. Als ich sechzehn war, verließ ich das Haus meines Vaters, um zu meiner Freundin Dorle zu ziehen, weil ich das jahrelange völlige Schweigen meiner Schwester in unserem Kinderzimmer nicht mehr aushielt. Danach sah ich sie nur noch bei Familienfesten, wo man keine Zeit für Aussprachen fand. 1943 war sie mit ihren drei ältesten Kindern einmal vier Wochen bei mir in Ahrenshoop gewesen. Da bemerkten wir erstmalig, wie ähnlich wir uns waren und wie ähnlich wir uns auch als Mütter verhielten. Meine Kinder sagten immer, die ist genau wie du.

Ich wusste damals noch nicht, warum sie als Kind so anders gewesen war, und glaubte immer noch, auf irgendeine mir völlig unklare Weise selbst daran schuld gewesen zu sein. Heute weiß ich, dass die opiumsüchtige, nach dem Ersten Weltkrieg durch die vielen Todesfälle in der Familie verzweifelte Großmama diesem Enkelkind alle Geheimnisse ihres Lebens aufbürdete, damit das Kind ihr beim Tragen ihrer Last half. Das war sehr schwer und für das arme Kind nur durchzuhalten, indem es mir gegenüber vollständig schwieg. Ich war ja so lebhaft und redselig, ich hätte alles verraten.

1959 und 1969 haben wir uns beim siebzigsten und beim achtzigsten Geburtstag der Tante Hedwig wieder gesehen und dann noch einmal kurz bei der Beerdigung unseres Vaters. Da konnte sie nur zwei Tage bleiben. Über zehn Jahre später hat sie mich das erste und einzige Mal in meiner Wohnung besucht. Damals merkte ich, dass sie wirklich glaubte, was sie in ihren kurzen Briefen immer andeutete. Sie sah sich in meiner Küche um und bemerkte, dass ich einen Kühl- und Eisschrank, einen Gasherd, eine Waschmaschine und eine Spülmaschine besaß. Das erschien ihr wie ein unglaublicher Luxus, da sie in ihrem Waschhäuschen in ihrer Kleinstadt für das alles keine elektrischen Anschlüsse hatte und noch selbst mit der Hand rubbeln musste. Sie schüttelte nur den Kopf und sagte: »Du tust mir richtig Leid.« Ich wusste, was sie meinte: »Für diesen Luxus hast du dein Leben gelebt!«

Wäre mir meine Schwester ebenso gleichgültig und verächtlich gewesen wie ich ihr, so hätte ich die Entfremdung mit Gleichmut ertragen. Ich habe aber Annemarie seit frühester Kindheit immer mit Sehnsucht geliebt und mich nach ihrer schwesterlichen Freundschaft gesehnt. Ihr Mann, der Pfarrer Helmut Regen, der in meiner frühen Jugend meine größte platonische Liebe gewesen war, schrieb mir niemals Briefe, und ich vermutete, dass er mich ebenso verachtete, wie seine Frau es tat. Annemarie schien zu glauben, Edelgundes Verhalten sei Folge meiner Erbgier gewesen, mit der ich mein Pflichtteil verlangt hätte. Das war der schwerste Mühlstein auf meiner Seele, den ich in diesen Jahren mit mir herumschleppte. 1971 starb die von mir geliebte Tante Hedwig, der einzige Mensch in meinem Leben, der wirklich in meine Seele geblickt hatte und mein Innerstes kannte. Natürlich hatte ich meine vier Töchter und eine wachsende Zahl von Enkeln. Von 1937, der Geburt meines ersten Kindes an, bis die jüngste Tochter ganz ohne mich auskam, waren etwa dreißig Jahre vergangen. Ich war in dieser Zeit wie eine Glucke gewesen, die, nachdem sie die Küken ausgebrütet hat, die ganze Schar immer noch weiter führen muss, ohne irgendwann einmal an sich selbst denken zu können.

Alles war klar und einfach gewesen, solange ich Glucke war. Der Mutterinstinkt zeigte mir immer den Weg, und ich war stets überzeugt, dass es der richtige Weg war. Wer vier Kinder hat, bei dem halten diese Instinkte viermal so lange an wie bei jemandem mit einem Kind; ich kannte eine Frau mit dreizehn Kindern, da hielten sie dreizehnmal so lange vor. Aber irgendwann, wenn das letzte Küken das Nest verlässt, besinnt sich das Huhn beziehungsweise der Mensch darauf, dass es, außer Glucke oder Mutter zu sein, auch noch ein Wesen ist mit eigenen Bedürfnissen und Aufgaben. Die Selbstaufgabe wandelt sich wieder in den natürlichen Egoismus und vor allem in das Bedürfnis, auch ohne eine nachfolgende Kükenschar in der Welt etwas zu gelten. Der Mensch möchte sich nun doch einmal selbst verwirklichen. Das lassen aber die Küken oft nicht zu, weil sie es so gewöhnt sind, dass die Mutter an nichts anderes denkt als an sie.

Wandlungen

Immer wenn der Mensch sich wandelt
und nach neuen Werten handelt
und dies Recht auch noch verteidigt,
fühlt die Umwelt sich beleidigt.

Die Schauspielerei hatte ich schon nach der ersten Schwangerschaft aufgeben müssen. Seitdem hatte ich nie wieder etwas für mich gewünscht als das seelische Gedeihen und Glück meiner Töchter. War es nun nur noch meine Aufgabe, Pflegekinder und Enkelkinder zu hüten? Es ist die Pflicht einer Mutter, ihre Kinder loszulassen. Das verlangen sie nach der Pubertät auch höchst energisch. Wenn sie dann aber losgelassen sind, blasen sie damit natürlich auch die Flamme des Muttertriebes aus, die sich darin äußert, jedes einzelne der Küken wunderbar gelungen und einzigartig zu finden. Doch die Kinder erwarten noch viele, viele Jahre aus alter Gewohnheit, dass die Mutter von all ihren Sorgen und Erlebnissen weiß und ihnen bei ihrer Bewältigung hilft. Wie soll man das aber alles wissen, wenn es streng verboten ist zu fragen? »Du weißt ja von mir gar nichts«, sagen sie dann und denken, sie haben eine schlechte Mutter. Die Frage, ob sie ihrerseits etwas von ihrer Mutter wissen, stellt sich ihnen nicht. Seit Frauen berufstätig sind, werden die Großmütter von den Töchtern vereinnahmt, und es ist ganz selbstverständlich, dass sie sich auch für die Enkel aufopfern und jeden eigenen Wunsch zurückstellen. Was aber wirklich der eigene Wunsch der Großmutter ist, das weiß diese dann oft selbst nicht.

Meine Depression äußerte sich vor allem darin, dass ich mich zweigeteilt fühlte. Ein Teil von mir hing, unsichtbar für alle Menschen, oben an der Decke und beobachtete den anderen Teil seiner selbst und die anderen Menschen. Oben an der Decke war meine Seele und mein eigentliches Ich. Der Teil, der unten redete und handelte, war seelenlos und gefühllos, wie einem Roboter war ihm alles egal. Er fühlte weder Schmerz noch Freude. Der unsichtbare Teil oben wollte sich selbst und den Leuten immer wieder zurufen: »Hier bin ich, hier bin ich, guckt doch mal nach oben, dann könnt ihr mich sehen.« Aber er hatte keine Stimme. Ich fing auch an, mich sonderbar zu benehmen. Ich hatte eine unglaubliche Sehnsucht danach, von meiner Schwester und ihrem Mann, den ich in meiner Jugend so sehr geliebt hatte, gesehen und verstanden zu werden. Ich schrieb Briefe über Briefe, in denen ich versuchte, das, was ich ihnen sagen wollte, so verschlüsselt darzustellen, dass die Stasi sie nicht in den Verdacht bringen konnte, mit dem Klassenfeind zu konspirieren. Ich wusste allerdings viel zu wenig von dem, was die Stasi für verdächtig hielt.

Damals verbreiteten die Medien als angeblich letzte Forschungsergebnisse der Psychologen, man solle allen Zorn und alle Wut herauslassen, dem Beschuldigten seine Meinung ins Gesicht schreien, bis man sich von diesem Zorn befreit habe. In den siebziger Jahren gab es ein Buch, das hieß ›Die Kunst, ein Egoist zu sein‹, dessen Lehren sich auch meine Töchter zu Gemüte führten. Mich hatte man gelehrt, bei Konflikten stets die Schuld bei sich selbst zu suchen. Und so verbrachte ich meine Tage mit unaufhörlicher Suche nach meiner Schuld. Die schwere Depression machte es mir damals unmöglich, klar zu definieren, worunter ich litt. Ich ging zum Glück nicht zu einem Psychologen, sondern zu einem Nervenarzt. Ich teilte ihm die Symptome mit, aber nicht die vermuteten Ursachen. Er meinte, es handele sich um eine endogene Depression, die ohne äußeren Anlass auftreten könne. Er gab mir Tabletten. Ich nahm sie genau nach Verordnung und war auch nach einigen Jahren geheilt.

Ich glaube nicht, dass Gott straft oder belohnt. Wenn aber heute mein Gewissen so ruhig ist und ich mit so ungetrübter Freude genießen kann, wieder hier in meinem alten Haus zu wohnen, so habe ich das dem Umstand zu verdanken, dass ich auf das Geld verzichtete, um dessentwillen meinem Vater ein derartiges Ende bereitet worden war. Anfang der siebziger Jahre bekam ich von einem Freund in Ahrenshoop die Nachricht, mein Haus sei verkauft worden. Das war ja schon lange vorauszusehen gewesen. Gut, sagte ich mir, das Heimweh wird vielleicht besser zu ertragen sein, wenn man die Hoffnung vollständig aufgibt. Es tat mir Leid um die Geschwister und Verwandten, die mir das Haus geschenkt hatten, um es zu retten, aber meine Gründe, in den Westen zu fliehen, waren schwerwiegender als der Wunsch, ein Sommerhaus zu behalten. Man konnte ja nicht wissen, ob sie mir das Haus nicht auch dann weggenommen hätten, wenn ich dageblieben wäre. Ich kannte

Gastwirte und Bauern, die man auch ohne jede Republikflucht enteignet hatte. Ich sagte damals nur: »Ach, du lieber Augustin, alles ist hin.«

Heute kann ich mit einem Lächeln auf meine Lebenskrise in den siebziger Jahren zurückblicken. Ich habe persönlich und sehr schmerzlich erfahren, wie unwichtig und gleichgültig man selbst aussieht, wenn man mit seiner Seele auf das eigene Selbst herunterblickt und nicht an den irdischen vergänglichen Querelen beteiligt ist. Die Seele kann ja doch nichts von all dem mitnehmen, was hier auf der Erde so wichtig scheint. In den Zeiten größter Depression, als ich mir schon das Leben nehmen wollte, machte ich das folgende Gedicht, über das ich heute ein bisschen lächle. Aber es war mir sehr ernst.

Herbstdepression

Ein alter Baum steht einsam da und reckt
die kahlen Zweige traurig in die Luft.
Vom Boden, der noch seine Wurzeln deckt,
entströmt der faulen Blätter Grabesduft.

Es ist zu Ende, denkt er wehmutsvoll,
indes der Sturm in seinen Ästen knarrt.
Ich sterbe gern, wenn ich denn sterben soll.
Ich habe lang genug schon ausgeharrt.

Vergebens hielt ich mich mit letzter Kraft,
vergebens war mein redliches Bemühn,
aus diesem kargen Boden all den Saft
für Blüten und für Früchte hochzuziehen.

Die schönen Blüten hat der Wind verweht,
verfault, vertrocknet fiel die reife Frucht.
Wie hab ich Jahr für Jahr darum gefleht,
doch nie kam jemand, der sie aufgesucht.

Jetzt mag ich nicht mehr warten, ich bin müd.
Es hört mich niemand, denn ich bin ja stumm.
Komm, Wind! Nun blase mir das Abschiedslied
und brich den Stamm! Ich frag nicht mehr – warum?

Sechstes Kapitel

Der Kommunistische Bund

Um zu meinem geringen Verdienst ein paar Mark dazuzuverdienen, nahm ich gelegentlich vom Jugendamt geschickte schwierige Kinder bei mir auf. Beim ersten Pflegekind hatte mein Einsatz den Jungen immerhin davor bewahrt, in die Kriminalität abzurutschen. Daher bat mich das Jugendamt immer wieder, in dem einen oder anderen Fall ein Kind aufzunehmen. Einmal schickte es mir ein junges Mädchen, das Schülerin in einem katholischen Gymnasium war, wo Nonnen unterrichteten. Es hatte gutbürgerliche Eltern und noch drei Geschwister. Das Mädchen habe sich beim Jugendamt beschwert, es sei von seinem Vater missbraucht worden, und wolle deshalb von zu Hause fort. Der Vater bestritt die Schuld und behauptete, die Tochter wolle aus pubertärer Opposition seine erzieherischen Maßnahmen nicht mehr hinnehmen. Man könne die Wahrheit nicht nachprüfen, hieß es, ich solle das Mädchen doch vorerst einmal bei mir aufnehmen.

Waltraud war ein hübsches Mädchen, das bis dahin gute Schulzeugnisse gehabt hatte. Sehr offen erzählte sie mir, sie sei in den Kommunistischen Bund Westdeutschlands eingetreten und sei begeistert davon. Häufig wurde sie dann auch von einer etwas seltsamen Frau besucht, die stark hinkte, aber nicht mein Mitleid, sondern eher ein ungutes

Gefühl in mir weckte. Ich spürte sofort, mit dieser Frau war etwas nicht in Ordnung, aber Waltraud war ihrem Einfluss ganz verfallen. Ich fragte Waltraud zunächst nicht nach ihrem Vater aus, lud diesen aber einmal ein, als seine Tochter nicht zu Hause war. Er schien erschüttert über das, was seine Tochter über ihn gesagt hatte, und schilderte mir den Vorfall, nach welchem sie zum Jugendamt gelaufen war. Es handelte sich um einen in jener Zeit, Anfang der siebziger Jahre, üblichen Streit zwischen aufsässigen pubertierenden Kindern und ihren Eltern. Damals waren die meisten Eltern noch völlig hilflos gegenüber dem Aufstand der Jugend gegen alle Autorität. Sie kannten nur die von alters her geübten Erziehungsmaßregeln und hatten keine Ahnung, wie man sich Autorität auch ohne diktatorisches Verhalten verschaffen kann. Der Vater hatte Waltraud zwar nie geprügelt, ihr aber doch einmal im Zorn eine Ohrfeige gegeben. Darauf sei sie zu dieser Frau vom Kommunistischen Bund Westdeutschlands gerannt, und diese habe sie wohl veranlasst, zum Jugendamt zu gehen.

Ich ließ mir Statuten und Broschüren von diesem Kommunistischen Bund kommen, um darüber erst einmal Bescheid zu wissen. Es handelte sich um ein wirres Gemisch aus Texten von Mao, Marx und Lenin mit dem Versprechen, dass all die Kinder, die diesem Bund beitraten, die Herrschaft über die Welt erringen könnten. Man müsse nur unnachsichtig alle Autoritäten ausmerzen (so ungefähr, ich hab den Unsinn nicht ganz im Gedächtnis behalten können). Zu Unnachsichtigkeit wurde denn auch meine Waltraud von ihrer Führerin angeregt, die erheblich mehr Einfluss auf sie hatte als ich. Sie, Waltraud und eine Freundin von Waltraud saßen oft beisammen und lachten laut über abscheuliche Grausamkeiten, die die Kinder den Nonnen in ihrer Schule angetan hatten. Nur selten gelang es mir, bei Waltraud einen Sinn für die Verwerflichkeit ihrer Streiche zu wecken. Waltrauds Freundin war auch ein hübsches blondes Kind, deren Eltern aber ärmer waren als die von Waltraud. So hatte sie zu Hause oft mithelfen müssen. Die Freundin wurde nun krank und kam ins Krankenhaus. Es freute mich, dass Waltraud Mitgefühl zeigte und sie oft besuchte. Dieses Mädchen erzählte ebenfalls von einem Missbrauch durch ihren Vater, worauf die kommunistische Funktionärin sie davon überzeugte, dass sie nur dann gesund werden und am Leben bleiben könne, wenn sie sich total und für immer von ihren Eltern trenne und diese recht hassen lerne. Tatsächlich brachte es das kranke Kind fertig, dass ihre Eltern jedes Mal abgewiesen wurden, wenn sie ins Krankenhaus kamen, um die Tochter zu besuchen. Als sie im Sterben lag, übernahm die Funktionärin die Wache und half der Kranken, eisern zu bleiben und die »bösen« Eltern unter keinen Umständen zum Abschied noch einmal sehen zu wollen. Es kam die Nacht, in der sie starb. Vater und Mutter standen weinend unten auf der Straße, und die Funktionärin richtete ihnen aus, die Tochter hasse sie und wolle sie nicht sehen. Waltraud war stolz auf ihre Freundin und deren Kraft zur Rache.

Ich kann nicht beurteilen, ob in diesem Fall wirklich ein Missbrauch durch den Vater vorgefallen war. Es entsetzte mich aber in jedem Fall, dass es einen Kommunistischen Bund Westdeutschlands gab, der keine Vergebung lehrte, sondern Hass über den Tod hinaus. Ich war empört, und als ich dann hörte, dass der neue evangelische Pfarrer in der Kirche meines Vorortes dem Kommunistischen Bund

Westdeutschlands angehörte und das Gegenteil von dem lehrte, was Jesus gelehrt hatte, geriet ich in einen solchen Zorn, dass ich meinen kleinen Enkel in den Kinderwagen setzte, mit ihm durch alle Straßen des Vorortes zog und von allen Hauswänden und Litfaßsäulen die Werbeplakate dieses Bundes abriss und unter die Kinderwagendecke stopfte. Das war sicherlich eine etwas lächerliche einsame Protestaktion einer Großmutter, die aber meinem Herzen Luft machte.

Meine Waltraud ist dann nach einiger Zeit ganz friedlich wieder nach Hause gegangen, nachdem sie gestanden hatte, dass ihr Vater ihr nur eine Ohrfeige gegeben hatte.

Siebtes Kapitel

Sechzigster Geburtstag

An meinem sechzigsten Geburtstag im Jahr 1973 besuchten mich nur Betty und Nella mit dem kleinen Max. Judith wohnte mit ihren Kindern in Berlin. Susi wohnte in Stuttgart. Mit Susi und Judith telefonierte ich eine Zeit lang. Der Briefkasten war leer. Da ich wegen meiner schweren Depressionen ganz aufgehört hatte, selber Briefe zu schreiben, schrieb mir auch niemand mehr. Meiner großen Verwandtschaft war ich völlig aus den Augen und aus dem Sinn geraten. Mein Exmann und seine neue Frau wären gekommen, wenn ich sie eingeladen hätte.

Ich dachte über mein Leben nach und glaubte, eine Versagerin gewesen zu sein. Was hatte ich an Lebensleistungen vorzuweisen? Ich hatte vier Töchter geboren und großgezogen. Kinder kriegen konnte jede Frau. Und wachsen tun Menschen von allein. Wenn meine Töchter gesund und beruflich etwas geworden waren, hatten sie das sich selbst und nicht mir zu verdanken. Alles das, was ich gerne mal geworden wäre, war ich nicht geworden. Ich war in der Schule sitzen geblieben, war nach der elften Klasse abgegangen, hatte nicht studiert. Stattdessen hatte ich ein Mamsellexamen und ein Schauspielerexamen abgelegt, war aber weder Mamsell noch wirklich Schauspielerin geworden. Ich hatte einmal geglaubt, für die Schriftstellerei begabt zu sein. Hatte ganze Container voll beschriebener Blätter weggeworfen, auf denen ich versucht hatte, Geschichten, Novellen oder Romane zu schreiben, aber es war immer dasselbe gewesen. Ich hatte eine Idee, begann irgendetwas niederzuschreiben, dann unterbrach mich jemand, rief nach mir, Töchter oder Pflegekinder, oder ich musste eine drängende Arbeit erledigen, und wenn ich die beschriebenen Zettel dann wieder durchlas, war die Idee vergessen, und ich warf die angefangenen Skizzen in den Papierkorb. Nachts, wenn ich nicht schlafen konnte, setzte ich mich hin und schrieb philosophische Meditationen, deren ich mich dann am nächsten Morgen schämte und sie auch wieder wegwarf. Es gelang mir, einige wenige kleine Geschichten zu Ende zu schreiben, und ich hob sie in einem Karton auf, zeigte sie aber keinem Menschen. Ich kannte niemanden, der hätte beurteilen können, ob diese Geschichten gut oder schlecht waren. Daraus ist dann später in den neunziger Jahren das kleine Büchlein mit dem Titel ›Die Dame mit dem Schleierhütchen‹ geworden. Einige Gedichte, die ich nicht ganz schlecht fand, bewahrte ich auch auf. Was ich von mir selbst und meinem Talent hielt, fasste ich später einmal in die folgenden Worte:

Mein Talentchen

Ich nehm dich beim Händchen,
mein kleines Talentchen.
Ich pflanz dich ins Töpfchen,
hinein in mein Köpfchen.
Wenn Tränen mir fließen,
will ich dich begießen.

Fühl ich mal Wonne,
kommst du an die Sonne.
Es ist ja mein Traum,
aus dir wird ein Baum.
Doch leider, mein Kleiner,
aus dir wird mal keiner.

Die mehr als zwanzig Jahre in Heidelberg, in denen ich in der Fabrik gearbeitet hatte und meine Kinder großzog, waren für die Agnes Grisebach, die nicht nur Mutter war, wie der Rückzug eines Fakirs in die Wüste. Ich hatte keinen Mann, keinen Freund und keine One-Night-Stands, wie man heute sagt, aber diese Askese war genauso unbeabsichtigt gewesen wie meine unfreiwillige Emanzipation. Ich hatte sehr darunter gelitten. Ich war in dieser Zeit zweimal von Judith und zweimal von Nella in einen Urlaub mitgenommen worden, um deren Kinder zu hüten. Da waren natürlich die Töchter abends ausgegangen, und ich hatte im Hotel die Kinder bewacht. Ich will mich darüber nicht beklagen. Das ist das Los aller Großmütter. Aber heute erlebe ich hier in Ahrenshoop doch schon eine ganze Menge Großmütter, die Freunde haben und ein sexuell erfülltes Leben führen.

Die Erziehung, die ich noch genossen habe, durch meine Großmutter, durch Tante Hedwig und durch unsere Hausdame, hatte mich derartig diszipliniert, dass ich sogar vor mir selbst nicht zuzugeben wagte, sexuelle Bedürfnisse zu haben. Mönche und Nonnen sagen, dass sexuelle Enthaltsamkeit den Geist sublimiert. Es mag sein, dass das bei einigen Menschen der Fall ist. Bei mir war die Enthaltsamkeit nicht eine tapfer selbst auferlegte Pflicht, wie bei den

Frauen im Korsett des 19. Jahrhunderts, sondern unfreiwillig aus Mangel an Gelegenheit (für den ich möglicherweise unbewusst selbst sorgte).

Bis zum Ersten Weltkrieg galt in Deutschland das Wort von Fichte: »Im unverdorbenen Weibe äußert sich kein Geschlechtstrieb und wohnt kein Geschlechtstrieb, sondern nur Liebe, und diese Liebe ist der Naturtrieb des Weibes, einen Mann zu befriedigen.« Dann wurden in den zwanziger Jahren eine ganze Menge Frauen sexuell befreit, aber nicht die Frauen aus meinen Herkunftskreisen, die sich für die Elite hielten. In der Nazizeit wurde wieder Enthaltsamkeit für die deutsche Frau gefordert. In den fünfziger Jahren wurde noch viel geheuchelt und ein Schein von Tugend aufrechterhalten, aber in den sechziger Jahren brach endlich der Damm. Als dann die Pille auf den Markt kam, tobte sich die sexuelle Freiheit hemmungslos aus. Meine Töchter begriffen gar nicht, was es da jemals für ein Problem hatte geben können. »Es hätte uns doch nicht gestört, wenn du einen Freund gehabt hättest«, sagten sie alle vier. »Das Opfer hättest du uns nicht zu bringen brauchen.« Und dann lachten sie über mich. Von meinen sieben Enkelkindern sind nur vier ehelich geboren, und kein Hahn kräht danach. Ich hatte wegen der unehelichen Zeugung von Judith noch geglaubt, zu einer Ehe mit einem ungeliebten Mann verpflichtet zu sein, und hatte dann, um meinen Kindern ein Vorbild sein zu können, für immer auf jedes bisschen Glück verzichtet. Wenn mich das Selbstmitleid übermannen wollte, sagte ich zu mir: »Du kannst dir nicht mal einbilden, für Gott einen großartigen Verzicht geleistet zu haben wie Nonnen oder Mönche, du warst einfach nur zu dämlich, zu anspruchsvoll oder zu unattraktiv. Du bist selbst schuld. Du kannst niemand anderen dafür anklagen.« Nur eines hielt mein Selbstwertgefühl noch ein klein wenig aufrecht (aber nur ganz heimlich, weil meine Töchter und Schwiegersöhne das nicht verstanden und meine Geschwister es als Strafe für meine Geldgier ansahen), dass ich auf das große Erbe, das mir zugestanden hätte, verzichtet hatte. Aber auch da war bei mir wohl ein bisschen Masochismus dabei.

Nein, es gab an diesem sechzigsten Geburtstag keinerlei Grund, mit den vergangenen Jahren zufrieden zu sein und den Tag zu feiern. Nun konnte ich also Altersruhegeld beziehen und Rentnerin werden. Aber bei der Auszahlung der Rente türmten sich ungeahnte Hindernisse auf. Es war die Zeit, in der überall die ersten Computer angeschafft wurden. Wenn ich bedenke, was es heute noch für Schwierigkeiten macht, solche komplizierten Geräte zu beherrschen, kann ich verstehen, dass es bei der Einführung erheblich größere Schwierigkeiten gab und einfache kleine Angestellte selten damit fertig wurden. Zuerst war meine Altersrente aus irgendeinem Grund falsch berechnet worden, und ich erhielt nur ein Viertel von dem, was mir zustand. Ich musste Klage einreichen, aber der zuständige Richter hatte ein Sabbatjahr genommen und ließ mich dieses Jahr warten. Dann kam der große Augenblick, und der Richter entschied, man müsse mir sofort die mir zustehende Rente zahlen und das entgangene Geld aus dem vergangenen Jahr ebenfalls anweisen. Das war im Dezember. Im Januar kam noch gar nichts. Im Februar erschienen auf meinem Konto statt der erwarteten 8000 DM 27 000 DM. »O Gott, verzeihen Sie, ein Computerfehler. Im März kriegen Sie das Geld bestimmt. Schicken Sie dies nur schnell zurück.« Im März eilte ich zur Bank, was war nun gekommen? 28 000 DM! Diesmal war ich stark in Versuchung, das Geld nicht wieder zurückzuschicken, widerstand ihr aber tapfer. Erst im April bekam ich dann die korrekte Summe überwiesen. Sie entsprach in der Höhe etwa dem, was Sozialhilfeempfänger bekommen. Wegen der vielen Jahre, in denen ich nur vier Kinder großzog und in Ahrenshoop arbeitete, wurden mir nur achtundzwanzig Jahre angerechnet. Mein Gehalt hatte auch sehr lange unter dem Durchschnitt gelegen. Für die Zeit der Kindererziehung gab es damals noch gar nichts. Meine Töchter waren in der langen Zeit, in der ich ohne Geld war, sehr lieb und unterstützten mich nach Kräften. Gottlob konnte ich ihnen ihre Ausgaben mit dem Geld zurückzahlen, das mein Bruder mir von dem Erlös des Hauses abgab.

1972 hatte Betty geheiratet und 1974, noch in Heidelberg, ihren ersten kleinen Jungen bekommen. Zwei Monate später bekam Susi einen unehelichen kleinen Sohn. Betty zog mit Mann und Kind nach Frankfurt und bekam dort 1975 noch eine Tochter. In demselben Jahr wechselte Nella vom Mannheimer Theater an das Frankfurter Theater und nahm natürlich ihren Max mit. Ich wollte nicht ganz allein in Heidelberg zurückbleiben und Max nicht verlassen. So zog ich mit. Nella fand zwei Wohnungen auf der gleichen Etage, die sie für uns beide mietete, und ließ eine Tür zwischen die große und kleine Wohnung einbauen. So konnte Max, sooft er wollte, von ihr zu mir und von mir zu ihr hinüberlaufen. Auf diese Weise konnte Max auch täglich, solange er wollte, Klavier üben und störte keinen Menschen.

Am Umzugstag hatte ich die Wohnung nach dem Abtransport der meisten Möbel schon besenrein gemacht und saß auf einer der Kisten, die noch abgeholt werden mussten. Ich wartete auf den letzten Wagen, der mich mitnahm. Im Haus hatte ich mich am Abend zuvor verabschiedet, meinen Exmann und seine Frau hatte ich angerufen, nun gab es nichts mehr zu tun. Meine Töchter waren schon in Frankfurt, und hier in diesem Ort Heidelberg, in dem ich vierundzwanzig Jahre lang gewohnt hatte, gab es nichts und niemanden, von dem mir der Abschied schwer gefallen wäre. Ich sang das Schubertlied vor mich hin: »Fremd bin ich eingezogen, fremd zieh ich wieder aus.« In diese Gegend hatte ich nicht gepasst. Ich hatte dort keine Feinde, aber auch keine Freunde. Meine Heimat war und blieb eben immer nur Ahrenshoop in Vorpommern.

Achtes Kapitel

Konfrontation mit Türken und RAF-Problemen

Nellas und meine nebeneinander liegenden Wohnungen befanden sich im Frankfurter Stadtteil Sachsenhausen in einer sehr verkehrsreichen Straße. Sie lagen im vierten Stockwerk ohne Lift. Über uns wohnte links ein Türkenehepaar mit kleiner Tochter. Rechts ein lediger Student oder Journalist. Wenn ich aus dem Fenster blickte, sah ich eine Nebenstraße, die mein Hauswirt Klein-Ankara nannte. Beim Einzug hatte der Hauswirt bitter darüber geklagt, dass er sämtliche Abflussrohre seines fünfstöckigen Hauses mit zehn Mietparteien hatte herausreißen und durch neue hatte ersetzen lassen müssen. Es sei ihm ein großer Schaden entstanden, weil die vielen Türken in seinem Hause sämtliche Abfälle statt in die Mülltonnen in die Toiletten gekippt hätten. Alle Rohre seien völlig verstopft gewesen. Es habe eine große Schweinerei gegeben. Jetzt habe er nur noch die eine kleine türkische Familie über uns im Haus behalten. Die trüge ihren Müll die fünf Treppen herunter zu den Mülltonnen. »Aber gucken Sie sich mal Klein-Ankara an!« Ich guckte und sah, dass alle Bürgersteige und vielfach auch noch die Fahrbahnen mit Müll bedeckt waren. Offensichtlich hatte man versäumt, den von uns Deutschen herbeigerufenen Türken, die größtenteils aus ländlichen Gebieten stammten, zu zeigen, wie in Deutschland Wassertoilette und Müllbeseitigung funktionieren. So hielten die Deutschen für Unsauberkeit, was in Wahrheit Unwissenheit war.

Infolge des rasanten Wiederaufbaus und der guten Konjunktur fehlte es in Deutschland an Arbeitskräften, vor allem an solchen, welche Dreck- und Schwerarbeiten zu leisten bereit waren. So wurden immer mehr Türken ins Land geholt. Die meisten kamen aus ländlichen Gebieten, wo es fast noch mittelalterlich zuging. Die Frauen waren gewohnt, kilometerweit Wasserkrüge nach Hause zu transportieren, und kannten keine einzige neuzeitliche Errungenschaft westlicher Zivilisation, die Hygiene betreffend. Die Frauen schienen Sklavinnen ihrer Männer zu sein und mussten diesen aufs Wort gehorchen. Mein Frauenarzt erzählte mir, es sei ein Türke mit seiner Frau in die Sprechstunde gekommen und die Frau habe immer nur »Viel Schmerz« gesagt. Und als er dann untersuchen wollte, wo der Schmerz denn sitze, habe der Mann streng eingegriffen und verhindert, dass er die Frau berührte. Sie gingen beide unverrichteter Dinge wieder fort.

Auf den Straßen sah man die Frauen mit einem Kopftuch verhüllt folgsam hinter den Männern hergehen. In Klein-Ankara sah ich türkische Kinder miteinander spielen. Da hatten die kleinen Mädchen überhaupt nichts zu sagen. Sie wurden von ihren Brüdern hin und her gejagt, geschlagen und ausgeschimpft, und wenn sie weinten, kam die Mutter und prügelte das Mädchen. Ich bekam großes Mitleid mit der türkischen Frau in meinem Haus, die ganz allein in einer fremden Stadt lebte, wo sie kein Wort verstand und niemanden hatte, dem sie einmal ihr Leid klagen konnte. Ihr Mann war kein böser Mensch. Er wirkte auf mich wie ein etwas hilfloser kleiner Junge. Er kam immer zu mir herunter, um mich dies oder jenes zu fragen. Er war schon länger in Deutschland und konnte sich verständlich machen. Mehrere Male kam er zu mir männerlosen Frau und ließ sich von mir zeigen, wie man einen Schlips bindet. Ab und an musste er wohl irgendwo in einem ordentlichen Herrenanzug mit Schlips erscheinen. Da sah er dann aus wie zu einer Maskerade verkleidet. Auch ich hatte übrigens Probleme mit der Technik des Schlipsbindens. Aber wir haben es dann immer wieder geschafft.

Da ich nach meinen eigenen Notjahren gewöhnt war, alles, was ich übrig hatte, in Sammlungen zu geben oder zu verschenken, gab ich auch der Türkin oft etwas, das sie zu brauchen schien. Sie war dafür überschwänglich dankbar, küsste mir den Rocksaum und bespritzte mich mit einem billigen Parfüm. Dies Fläschchen schien für sie ein kostbarer Besitz zu sein. Ich wusste, dass es ein Opfer war, mir ein paar Tropfen davon abzugeben.

Die Türken hatten in ihrer Wohnung ein Spülklosett mit einem kleinen Handwaschbecken. Der einzige Wasserhahn, den sie besaßen, ließ einen dünnen Strahl Wasser in dieses Waschbecken laufen. Mit diesem bisschen Wasser, das sie mühsam in Eimer sammelten, kochten sie, wuschen sich selbst und wuschen damit ihre Wäsche. Trotzdem sah es in der kleinen Wohnung sehr sauber aus. Die kleine Tochter war hübsch gekleidet, und auch die Mutter sah nicht verwahrlost aus. Ich musste die Leute für den Mut bewundern, sich einem derartigen Kulturschock auszusetzen.

Die Frau sprach gar kein Deutsch, machte sich nur mit Gesten verständlich. Das Kind musste übersetzen und einkaufen, aber dafür, dass es schon vier Jahre in Deutschland war und angeblich bereits in die vierte Klasse ging, sprach es nur sehr unvollkommen Deutsch. Zu Hause wurde nur Türkisch gesprochen. Auf der Straße in Klein-Ankara spielten auch nur türkische Kinder. Nun bat mich der Vater, einmal zu prüfen, ob sein Kind in der Schule etwas gelernt habe, und vielleicht könnte ich ja etwas nachhelfen. Da kam das zehnjährige Mädchen zu mir, legte mir ihre Schulbücher von der vierten Grundschulklasse vor und machte einen absolut hilflosen Eindruck. Sie konnte zwar das Abc, ihren Namen und ihre Adresse schreiben, sie konnte auch einzelne Wörter buchstabierend entziffern, aber was sie konnte, hatte Max schon gekonnt, ehe er in die Schule kam. Im Rechnen konnte sie ihre zehn Finger zählen und mit ihnen Zahlen unter zehn zuziehen und abziehen. Sollte sie neun plus drei rechnen, so sagte sie hilflos »zehn« und wusste nicht, wo sie die restlichen zwei Finger noch unterbringen sollte. Ich ging zu ihrer Lehrerin und fragte sie, warum dieses Kind jedes Jahr in die nächsthöhere Klasse versetzt worden sei, wenn es doch den Anforderungen der ersten Klasse nicht genügt hätte. Da sagte die Lehrerin: »Ich habe in meiner Klasse zehn türkische, zwei italienische und drei jugoslawische Kinder. Ich kann keine dieser Sprachen sprechen. Ich habe nicht gelernt, wie man es macht, der Hälfte meiner dreißig Schüler während des Unterrichtes für deutschsprachige Kinder Deutsch beizubringen. Man hat mir nur gesagt, ich soll dafür sorgen, dass die Kinder sich in Deutschland integrieren. Würde ich sie sitzen bleiben lassen, so verlören sie jedes Jahr wieder alle deutschen Freunde, die sie in der Zwischenzeit irgendwie kennen gelernt haben. Wir ziehen sie mit, geben ihnen keine Noten, und nach acht Jahren werden sie aus der Schule entlassen, und die Eltern verheiraten die Mädchen. Die Väter sagen: ›Macht nichts, heiraten doch.‹ Bei Jungen ist das etwas anders. Da sorgen die Väter für Deutschunterricht neben der Schule.« Ich musste dem Vater ausrichten, was die Lehrerin gesagt hatte und was ich über das Wissen seiner Tochter dachte, und er meinte dann auch achselzuckend: »Macht nichts, heiratet doch, Mädchen brauchen nicht Deutsch.«

Heute, wo mehrere Millionen Türken in Deutschland leben, ist die Situation wohl nicht mehr ganz so krass. Später hörte ich, das Kind sei im Alter von vierzehn Jahren wieder in die Türkei geschickt worden, um dort zu heiraten. Gelernt hatte es in Deutschland an den Nachmittagen in der Koranschule nur, Koransuren auf Arabisch auswendig aufzusagen. Es gab damals sehr viele, die es wie ich für einen Wahnsinn hielten, so viele Menschen aus so fremdartigen Kulturen mit Belohnungen anzuwerben. Aber wer so etwas äußerte, geriet sofort in den Verdacht, noch nazistisch rassistisch zu sein. Man überbot sich gegenseitig in Toleranz und tat so, als gäbe es gar keine Probleme. Heute wird man der Flut der Asylanten nicht mehr Herr, die aus Kriegs- oder Hungergebieten bei uns Rettung suchen und die man wirklich aufnehmen muss. Wir könnten unsere christliche Pflicht, Menschen in Not zu retten, besser erfüllen, wenn wir in den siebziger Jahren nicht so viele Türken ganz ohne Not angeworben hätten, ohne uns Gedanken über ein Zusammenleben der unterschiedlichen Kulturen zu machen. Amerika kann bei seiner unermesslichen Größe noch lange ein Einwanderungsland bleiben. Dort können die unterschiedlichsten Nationen, Glaubensgemeinschaften und Kulturen friedlich beisammen wohnen, weil jeder genügend Raum zur Ausübung seiner kulturellen Sitten findet. Hier in Deutschland ist das Land überbevölkert mit Deutschen, die seit vielen Jahrhunderten nichts anderes als die deutsche Kultur kannten. Die immer noch in uns wirksamen Triebe der Urmenschen, Fremde aus dem eigenen Revier zu vertreiben, steigen immer wieder aus dem Unbewussten empor, und vermutlich wird man angeblich »vernünftige« Gründe finden, um sich eines Tages mit Gewalt, Blut und Tränen von den so genannten »Eindringlingen« zu befreien. Unterschiedliche Nationalitäten integrieren sich überall. Aber unterschiedliche Glaubensgemeinschaften und Kulturen schmelzen nur selten zusammen. Wir sehen ja in Irland, dass dort die Katholiken und Protestanten sich auch nach vielen hundert Jahren immer noch kriegerisch befehden.

In der zweiten Wohnung über uns hörte ich von einer gewissen Zeit an, dass deren Mieter nachts stundenlang in den Räumen hin und her lief. Irgendetwas beunruhigte mich daran. Ich bat Nella darum, mal nachzuforschen, was das für ein junger Mann sei und was es mit ihm auf sich habe. Sie kam mit der Nachricht zurück, dieser junge Mann sei ein RAF-Sympathisant und als solcher zu einem Jahr Gefängnis verurteilt worden. Er habe einem RAF-Mitglied eine Wohnung besorgt. Jetzt liefe er wohl aus Angst vor der Strafe nachts umher.

Ich wusste von der RAF nur, was ich in der ›Frankfurter Rundschau‹, im ›Spiegel‹ und in der ›ZEIT‹ gelesen hatte. Auch in Frankfurt hatte ich keine gebildeten Bekannten, die in irgendeinem Zusammenhang zu linken Gruppierungen oder Revolutionären standen. Ich hatte erfahren, dass Ulrike Meinhof und Andreas Baader die Baader-Meinhof-

Gruppe gegründet hatten, aus der später die Rote Armee Fraktion (RAF) entstand. Und ich hatte gelesen, dass die Pfarrerstochter Gudrun Ensslin, die gemeinsam mit Baader versucht hatte, ein Frankfurter Kaufhaus in Brand zu stecken, sowie Susanne Albrecht, die die Erschießung ihres Patenonkels ermöglichte, zu den bekanntesten Mitgliedern der Baader-Meinhof-Gruppe gehörten. Ich las, dass Ulrike Meinhof, deren Gesicht mir außerordentlich sympathisch war, eine sozial sehr engagierte Journalistin gewesen sei.

Die RAF fand immer mehr Anhänger, vor allem in den Städten. Die sozialdemokratische Regierung, erst unter Brandt, dann unter Schmidt, bekämpfte sie mit allen Mitteln. Als ich nach Frankfurt zog, standen täglich neue Meldungen über den Kampf zwischen der RAF und der Polizei in der Zeitung. Ich wollte einmal eine Straße überqueren, als ein Auto bei Rot über die Kreuzung raste, gefolgt von einem anderen Auto, aus dem auf das erste geschossen wurde. Um ein Haar wäre ich in den Kugelhagel geraten. Auch direkt vor unserer Haustür spielte sich einmal ein Schusswechsel ab.

Die Regierung verfolgte die Mitglieder der RAF wie Schwerverbrecher, die sie, an ihren Taten gemessen, auch waren. Dennoch empfanden viele, wie ich auch, ein großes Mitgefühl für diese verirrten jungen Leute. Sie schienen von einem unbewussten dunklen Willen besessen, »das Böse« zu bestrafen. Dafür dachte sich ihre so genannte Vernunft Maßnahmen aus, mit denen sie völlig Unbeteiligte trafen. Ihr unglaublicher Hass auf ein System der Machtverteilung in der Bundesrepublik der siebziger Jahre war völlig absurd, denn diese Regierungen, voran die der Sozialdemokraten unter Willy Brandt und Helmut Schmidt, unterschieden sich ja völlig von der Naziregierung. Es herrschte Arbeitskräftemangel und keine Arbeitslosigkeit. Die Einstellung der Menschen war tolerant. Die wirtschaftliche Lage verbesserte sich täglich. Entrechtete Proletarier wie im 19. Jahrhundert gab es nicht mehr, und die Bevölkerung wünschte nichts weniger als einen Aufruhr. Sie waren alle mit Wiederaufbau beschäftigt und wollten sich nicht noch einmal alles zerschlagen lassen. Helmut Schmidt ging sehr streng und eisenhart mit dieser großen Gefahr im Inneren des Landes um. Ich glaube ihm, dass es die schlimmste Zeit seines Lebens war, als er zwei Versuchen der RAF, ihre Mitglieder frei zu pressen, nicht nachgab.

Einmal drohten sie, den Arbeitgeberpräsidenten Schleyer zu töten, einmal entführten sie ein voll besetztes Flugzeug nach Mogadischu und drohten, alle Passagiere umzubringen. Hanns-Martin Schleyer wurde getötet. Nach Mogadischu schickte Schmidt eine Einsatzgruppe von Elitetruppen, denen es gelang, die Flugzeuginsassen bis auf den Piloten, der ermordet worden war, zu befreien. Dieser ungeheure Mut, ein schreckliches Risiko einzugehen, war derselbe, mit dem Helmut Schmidt als Bürgermeister von Hamburg bei einer entsetzlichen Flutkatastrophe Tausende von Menschen gerettet hatte. Helmut Schmidt hatte einen unglaublichen Instinkt, das Richtige zur rechten Zeit zu tun. Nicht auszudenken, was geschehen wäre, wenn er den von der RAF gelegten Brand nicht so radikal gelöscht hätte. Dass er ein von der baden-württembergischen Regierung erbautes, ziemlich grausames, ausbruchsicheres Gefängnis in Stammheim guthieß, gehörte auch zu den Risiken, die er einging, denn natürlich erweckte dieses Gefängnis das Mitgefühl vieler sensibler Menschen, auch das meine. Man sprach von Isolationsfolter. Der Hass der RAF auf die Gesellschaft wuchs dadurch ins Grenzenlose. Aber mit dieser Härte hat Helmut Schmidt sehr vielen Menschen das Leben gerettet und erreicht, dass die RAF sich auflöste. Ich gehörte zu denjenigen, die zwischen Mitleid und Entsetzen hin- und hergerissen wurden. Ich konnte mich nicht dazu durchringen, die Mitglieder der RAF für echte Schwerverbrecher zu halten. Für mich waren sie irregeleitete Phantasten.

Bei mir kamen starke Zweifel auf, dass diese Gruppe sich wirklich vom Antisemitismus ihrer Eltern gelöst hatte, als sie nach Palästina ging, um sich von judenfeindlichen Terroristen Unterricht in der Ausführung von Terroranschlägen erteilen zu lassen.

Nun hörte ich Nacht für Nacht die Schritte des RAF-Sympathisanten, der zu einem Jahr Gefängnis verurteilt war und voll Angst auf seine Einkerkerung wartete. Ich setzte mich in meinen Flur vor die Wohnungstür und wartete mit Herzklopfen auf den Augenblick, wenn er abends die Treppe heraufkam. Alles in mir drängte danach, diesen unglücklichen jungen Mann hereinzubitten, ihm Verständnis zu zeigen und ihm Mut zu machen für die schwere Zeit, die ihm bevorstand. Ich glaubte zu wissen, dass er auch nur aus Mitgefühl gehandelt hatte, als er einem RAF-Mitglied eine Wohnung beschaffte. Selten bin ich so hin- und hergerissen worden zwischen meinem mütterlichen Instinkt, dem unglücklichen jungen Mann beizustehen, der nichts anderes getan hatte als das, was ich jetzt zu tun wünschte, und meiner klaren Einsicht, ohne diese unnachsichtige Härte im Einzelfall würde die Rote Armee Fraktion imstande sein, immer wieder ein Blutbad anzurichten. Wenn ich dann, immer wenn er vorbeiging, die Tür wieder nicht geöffnet hatte, wusste ich nie, ob ich mich dafür schämen oder stolz sein sollte, mein Gefühl überwunden zu haben. War es der »Heile Geist«, der mir riet, die Tür nicht zu öffnen, oder mein Menschengeist? War es meine Angst, auch verurteilt zu werden, oder war es meine Einsicht in die Richtigkeit von Helmut Schmidts Maßnahmen? Ich kann das bis heute nicht eindeutig beantworten. Der »Heile Geist« hat mir keine Antwort gegeben.

Neuntes Kapitel

Ein Weihnachtsfest 1978

Im Sommer 1978 erfuhr ich durch einen Freund in Ahrenshoop, dass die Gemeinde mein Haus mehrere Jahre zuvor an den ehemaligen Minister und jetzigen Vorsitzenden der Blockpartei CDU (Ost) verkauft habe. Es war mir ganz und gar unbegreiflich, dass irgendjemand mein Eigentum verkaufte, also Geld dafür nahm, ohne dass ich oder einer der anderen Erben davon benachrichtigt wurde. Es gab genug Menschen in Ahrenshoop, die meine oder die Adresse meines Onkels und meiner Tante kannten. Im Grundbuch stand unverändert der Name meines Großvaters, und niemand im Ort wusste, dass die anderen Erben ihr Eigentum am Haus notariell auf mich übertragen hatten. Da wurde in der DDR über Grafen und Barone hergezogen, die räuberisch dem armen Volk sein Land gestohlen hätten, und die hohen Funktionäre raubten selber, was sie nur kriegen konnten. Dass Einzelpersonen Diebe und Räuber sein konnten, war schon immer so. Dass aber eine Regierung den Raub von Eigentum als eine Tat der Gerechtigkeit propagierte, hatte es noch nie gegeben, außer zuvor in Russland und unter den Nazis. Wer war denn das Volk, dessen angebliches Eigentum man kaufte und verkaufte, um Funktionäre damit zu beglücken? Hatte es wirklich Vorteile davon? Annemarie schien das zu glauben. Sie machte eher mir einen Vorwurf und schrieb mir, erst hätte sie für teuer Geld einen Notar bezahlt, um das Haus auf mich zu übertragen, und nun hätte ich das doch von allen geliebte Erbe einfach im Stich gelassen und sei in den Westen geflohen, um dort meine Geldgier zu befriedigen. Das hätten wir nun davon.

Wieder wurde mir klar, dass unsere Perspektive auf die Welt von unserem Standpunkt bestimmt wird; denn der Standpunkt ist nun einmal der Punkt, auf dem wir stehen und von dem aus wir um uns herumblicken. Man kann über jeden Menschen ein böses Urteil fällen, wenn man ihn von einem Standpunkt aus betrachtet, wo er unserem Auge so böse erscheint. Eine Flucht in den Westen sieht für jemanden, der aus Pflichtgefühl nicht flieht, vielleicht wie eine Pflichtvergessenheit aus, die nur unedle Motive haben kann.

Irgendwie machte mich der endgültige Verlust meiner geliebten Heimat frei von der Hoffnung, dort noch einmal leben zu können, und bereiter, mein jetziges Leben einfach anzunehmen. Wenn ich hier auch kein Haus hatte, so hatte ich doch Töchter und Enkel und Schwiegersöhne und war geborgen in deren Liebe. Mit zufriedenerem Herzen bereitete ich diesmal das Weihnachtsfest vor.

Ob es nun an den – relativ wenigen – Revolutionären der achtundsechziger Jahre in Frankreich und Deutschland lag, ob es an der Angst lag, die man vor der RAF hatte, oder ob globale Gründe dafür vorlagen, weiß ich nicht. Jedenfalls ging es ab Mitte der siebziger Jahre mit der Konjunktur abwärts. Man sorgte sich wieder um sein Geld, wurde sparsamer, und nach der Überbeschäftigung gab es jetzt wieder Arbeitslose. Meine Rente war klein, doch bei meiner Bedürfnislosigkeit konnte ich gut damit auskommen. Mir machte es aber ein wenig Sorgen, dass meine Töchter, die durchaus gut verdienten, ihr Geld etwas zu verschwenderisch ausgaben und vor allem ihre Kinder mit materiellen Geschenken zu sehr verwöhnten. Um sie daran zu erinnern, dass sie Weihnachten auch dann glücklich gewesen waren, wenn sie nur nach Mottenpulver riechende abgelegte Kleider von Freunden erhielten, und dass es zu Weihnachten nicht unbedingt auf die Größe der Geschenke ankommt, lautete mein diesjähriges Weihnachtsgedicht wie folgt:

Weihnachten 1978

Die Kunst, aus Stroh sich Gold zu spinnen,
aus Lumpen Puppen zu gewinnen,
aus Mottenkugel-Stinke-Luft
den köstlich frommen Weihnachtsduft,
aus Spänen leuchtend helle Kerzen,
aus der Entbehrung frohe Herzen,
aus kaltem Herde ein Gericht,
aus einem Mondstrahl das Gesicht
des Christkinds, das durchs Fenster blickt
und uns voll Liebe zugenickt,
war's nicht allein, das wisst ihr wohl,
was Weihnachten bedeuten soll.

Auch nicht die vielen teuren Waren,
die dann in Wirtschaftswunderjahren
die Tische fast zerbrechen ließen,
gewährten das, was sie verhießen.

Auch hierbei galt es zu erkennen
und klar mit Namen zu benennen,
dass all das »Gold« im Grunde »Stroh«
und nicht das *war, was uns so froh*
und weihnachtsselig machen sollte.
Ich glaube, Rumpelstilzchen holte
in diesen Jahren fast mehr Glück
als vordem sich von uns zurück.

Wenn nun die »Wunderzeit« beendet
und sich das »Glück« heut scheinbar wendet,
sodass wir wieder Piepen zählen
und uns mit manchen Sorgen quälen,
so sollte uns das darin stärken,
die Wahrheit *endlich zu bemerken:*

Ob wir's als Märchen uns servieren,
mit Warenaustausch mal probieren,
ob wir's mit Sternen bunt bekleben,
ob wir's mit Möbelpackern heben,
ob wir's mit Kugeln mal versuchen,
mit Leb-, mit Baum-, mit Streuselkuchen,
ob wir's mit Spenden und Almosen,
mit einem Kauf von Weihnachtslosen
erzwingen wollen: Nichts als Stroh
verschenkt man und erhält man, wo
dies Fest für uns nichts weiter ist,
als nur ein Tag, wo man als Christ
so tut*, als sei die Tradition*
zu »schenken« ein Geschenk auch schon.

»Geschenk« ist Wort bei offner Tür,
oft nur ein Blick von ihm zu ihr,
ist Achtung vor des andern Würde,
ist Überspringen einer Hürde,
wo Fremdheit uns den Weg versperrt,
wo falscher Ton ein Wort verzerrt,
ist Hören auf das Ungesagte,
ist Antwort auf das Nichtgefragte,
ist Sehen, was sonst niemand sieht,
ist Mühe, wo sich niemand müht,
kann Lächeln sein, oft nur ein Nicken,
ein Zu-dir-hin-, ein Seitwärtsblicken,
ist Träne manchmal, oft ein Lachen,
ist Freude fühlen, Freude machen.
Geschenk ist, dass wir uns bemühen,
einmal die Wände fortzuziehen,
die uns von unsrem Nächsten trennen,
uns einmal ganz zu ihm bekennen,
der nichts sein kann, was wir nicht sind,
der als Erwachsner oder Kind
nichts nehmen kann, was wir nicht geben,
und niemals geben, was im Leben
er nicht empfangen und erhalten,
der Greis vom Kind, das Kind vom Alten,
von mir das Du, das Du von mir,
der Feind vom Freund, der Freund vom Feind
und du von dem, der »anders« scheint.

In diesem Sinne, scheint mir, kann
auch heute noch der Weihnachtsmann
ganz ohne Scham sein Säcklein leeren,

von dem wir dann ein Jahr lang zehren,
euch geben, was ihr von ihm wollt,
's ist nicht nur Stroh, das ist auch Gold.

Ich gehörte zu den wenigen glücklichen Müttern, bei denen sich alle Töchter, Schwiegersöhne und Enkel immer zum Feiern des Festes versammelten, auch wenn sie von weit her anreisen mussten. Wer von auswärts kam, wurde bei Betty, Nella oder mir untergebracht. Es kamen: Judith mit Mann und zwei Kindern, Peter, achtzehn, Anna, fünfzehn; Nella mit Max, dreizehn; Betty mit Mann und zwei Kindern, Robert, vier, Katharina, drei; Susi mit Daniel, vier; und die Witwe meines 1976 verstorbenen Mannes, die seit dessen Tod alle Familienfeste mit uns feierte. Wir waren vierzehn Personen. Ich hatte herzlich darum gebeten, dass die acht Erwachsenen und die zwei großen Kinder Peter und Anna einander je nur ein kleines, billiges Spaßpäckchen schenken sollten und dass auch die Kleinen, mit Ausnahme von ihren Eltern, nur mit Kleinigkeiten beglückt werden sollten. Der Heilige Abend sollte bei Betty stattfinden, weil diese das größte Wohnzimmer hatte. Am 25. sollte dann bei Nella und am 26. bei mir gespeist werden.

Wenn elf Leute dreizehn Leuten je ein Geschenk machen, so sind das schon hundertdreiundvierzig Päckchen, die hübsch verpackt, verteilt und ausgewickelt werden wollen. Wenn diese dann alle ausgewickelt und betrachtet sind, und das ganze Einwickelpapier liegt auf einem Haufen in einer Ecke herum, so könnte jeder denken, es müsse sich da um eine entsetzlich materialistische und habgierige Familie handeln, die vom Sinn des Weihnachtsfestes keine Ahnung hat. Dieser Eindruck täuscht natürlich. Wie soll man einem Menschen, der die Möglichkeit dazu hat, ein kleines Geschenk zu kaufen oder anzufertigen, daran hindern, allen Anwesenden je eine kleine Freude zu machen. Es ging ja dabei nicht um das Verteilen von irgendwelchen Kostbarkeiten. Aber wir finden es einfach schön, dass jeder von uns sich einmal Gedanken darüber macht, worüber der andere sich freuen kann, und dass jeder über jeden von uns nachdenkt.

Judith hatte mir einmal ein kompliziertes Küchengerät mit einer aus dem Japanischen übersetzten Gebrauchsanweisung geschenkt, die ich nicht verstehen konnte. Das Gerät lag unbenutzt bei mir herum. Das hatte Peter bemerkt und schenkte mir zu Weihnachten eine von ihm in Verse gefasste, äußerst witzige und überverständliche Gebrauchsanweisung, mit der ich von nun an das Gerät auch wirklich bedienen konnte. Das hatte mich besonders gefreut.

Auch diesmal hatten Peter, Anna und Max seit Monaten an ihren Geschenken gebastelt, für deren Material sie ihr Taschengeld ausgegeben hatten. Es war bei uns Tradition geworden, dass die Väter mit ihren Kindern am Nachmittag des 24. spazieren und dann in die Kirche gingen. Die Frauen bereiteten das Festmahl vor. Danach zogen alle ihre festlichsten Kleider an und versammelten sich in der Küche. Dort brannten nur die vier Lichter des Adventskranzes auf dem Tisch. Mein Schwiegersohn las die Weihnachtsgeschichte vor. Inzwischen zündete Betty die Kerzen am großen Baum im Weihnachtszimmer an. Beim Läuten eines kleinen Silberglöckchens eilte Peter zum Klavier, und wir alle schritten, Weihnachtslieder singend, die Kleinen voran, ins hell erleuchtete Weihnachtszimmer. Da stand der schön geschmückte Weihnachtsbaum im hellen Glanz, darunter stapelte sich der Haufen von hundertdreiundvierzig Päckchen, die alle mit Adressat und Absender gekennzeichnet waren. Und da lagen auf einem Tisch mit weißer Tischdecke offen und nicht eingepackt die Geschenke für die drei kleinen Kinder. Ich hatte den beiden kleinen Jungs je eine Ritterrüstung gekauft: einen Helm, einen Brustpanzer, einen Schild und ein Schwert aus silbernem Plastik. Die beiden standen kurz vor ihrem fünften Geburtstag und wussten schon, was Ritter waren. Sie hatten beide ein Gedicht gelernt, das sie unter dem Weihnachtsbaum aufsagen sollten, wenn wir fertig gesungen hatten. Daniel, der sich schrecklich genierte, war als Erster dran. Er hielt sich ein Bilderbuch vor die Nase und tat so, als ob er das Gedicht ablesen könne. Natürlich konnte er noch nicht lesen. Ab und zu aber blinzelte er über das Buch hinweg auf die Geschenke, und sein Gesichtsausdruck wandelte sich nach und nach von größter Verlegenheit in immer strahlendere Freude.

»Denkt euch, ich habe das Christkind gesehn,
(schneller) es kam aus dem Walde,
(noch schneller) das Mützchen voll Schnee, mit …
eine Rüstung!!!!!
(ganz schnell) rot gefrorenem Näschen, die …
eine Rüstung!!!!!
(kaum noch verständlich schnell) kleinen Händchen taten ihm weh …
eine Rüstung …«, und dann waren Daniel und Robert nicht mehr zu halten, mit Freudengeschrei legten sie ihre Rüstungen an, begannen mit wilden Schwertkämpfen und legten sich am späten Abend auch noch in den Rüstungen schlafen.

Auch das Geschenk, das Max bekam, machte uns allen viel Spaß. Es war ein lebensgroßer nackter Mann aus Pappe, dem man die Bauchdecke hochklappen und darunter alle seine Eingeweide besichtigen konnte. Diese waren beschriftet, naturgetreu bemalt und auch zum Herausklappen eingeordnet. Max stand nun vor diesem Mann und erklärte seinen kleinen Vettern ernsthaft die Funktion jedes einzelnen Teils. Er wollte ja einmal Chirurg werden. Die Kleinen versuchten zu lernen, was ihnen Max zeigte, und sagten auf: das Herz, der Magen, der Dickdarm, der Dünndarm, die Leber, die Niere, die Milz. Und als sie nun schwiegen, klopfte die kleine Katharina, die eben drei geworden war, auf ihr Bäuchlein und sagte: »Und die Debärmutter.« Die war bei dem Mann nämlich nicht vorhanden und auch bei den Jungen nicht. Nur sie hatte eine. Ich musste daran denken, dass ich von der Existenz einer Gebärmutter erst im Alter von vierzehn Jahren unterrichtet worden war und man mich dazu angehalten hatte, über dies Geheimnis strengstes Stillschweigen zu bewahren.

Alle Kinder zusammen hatten auch noch ein Kasperletheater bekommen mit hübschen Handpuppen. Es gab einen Kasperle, einen Seppele, einen Teufel, eine Prinzessin, einen Prinzen und eine Großmutter. Max und ich improvisierten ein Theaterstück, und die Kleinen sahen gebannt zu. Als der Teufel die Prinzessin entführen wollte, sprang Robert laut schreiend hervor und bemühte sich, dem Teufel mit seinem Schwert den Kopf abzuschlagen. Dadurch wurde natürlich die Aufführung realistischer und erfolgreicher.

An diesem ganz besonders heiteren und fröhlichen Abend, der noch sehr harmonisch ausklang, mit guten Gesprächen unter allen Schwestern und Schwiegersöhnen, an dem Peter noch Klavier spielte und Anna und Nella sangen und ich mein Gedicht vorlas, wurde mir bewusst, dass ich mein Heimweh und meine schwere Depression überwunden hatte. Alle Zweifel oder Reue darüber, dass ich auf das große Erbe verzichtet hatte, waren überwunden. Ich war mir wieder ganz sicher, dass es die Stimme aus der »Langwelle« gewesen war, die mir den für alle meine Mitmenschen so unverständlichen Rat gegeben hatte, denen das Erbe zu schenken, die es mir unbedingt nehmen wollten. Jeder Groll auf die Witwe meines Vaters und auch auf meinen Bruder war verschwunden. Ein großer Bestandteil meines mit der Depression verbundenen Schuldgefühls (dem »Heilen Geist« gegenüber) war ja die Vorstellung gewesen, Edelgunde und meinem Bruder nicht verzeihen zu können. Jetzt hatte ich nur noch Mitleid mit beiden. Hatten sie ein so herrliches, unbeschwertes Weihnachtsfest feiern können wie wir? Mein Bruder war als Kind ein so lieber, warmherziger Mensch gewesen. Er hatte keine Mutter gehabt und war von dummen großen Schwestern, Haushälterinnen und Dienstmädchen erzogen worden. Seine Bezugspersonen waren die Führer der Hitlerjugend gewesen, und die hatten ihm die Tür zum Zimmer des »Heilen Geistes« fest verriegelt. Wie sollte er überhaupt nur bemerkt haben, dass er unrecht tat, wenn er Edelgunde weismachte, ich wolle ihr das sauer verdiente Nacherbe streitig machen, und sie damit geradezu zwang, das Testament zu fälschen. Auch Edelgunde hatte wohl nie etwas gehört oder erfahren vom »Heilen Geist«. Sie war vielleicht einfach nur eine verängstigte, einsame alte Frau. Immerhin hatte sie ja das Haus nicht verkauft, obwohl mir mein Bruder als gewiss versichert hatte, sie würde es sofort tun. Bei dem Gedanken, ich könne ihr möglicherweise unrecht getan haben mit dem unausgesprochenen Verdacht, sie habe zum Tode meines Vaters beigetragen, bekam ich richtig Angst. Seit acht Jahren hatte ich nichts von ihr gehört und gesehen. Vielleicht saß sie da jetzt einsam und verlassen, von keinem Menschen mehr besucht, in ihrem Nacherbe, vielleicht war sie krank, und keiner von uns kümmerte sich um sie. Vielleicht war sie gar nicht böse, sondern nur seelisch verwirrt und verängstigt gewesen. In dieser Sorge schrieb ich spontan an das Fürsorgeamt in Berlin und bat darum, eine Fürsorgerin zu ihr zu schicken, die sehen sollte, ob die vereinsamte alte Frau wohlauf sei. Das war vielleicht etwas zu spontan. Ich bekam einige Wochen später einen Brief von Annemarie, was mir denn einfiele, die arme alte Frau zu ängstigen und ihr die Polizei auf den Hals zu schicken. Edelgunde habe sie um Hilfe vor meinen »Nachstellungen« gebeten. Auch dies Missverständnis konnte brieflich nicht ausgeräumt werden. Das Schlimmste an der Mauer war die Unmöglichkeit, gegenseitige Missverständnisse durch offene Aussprachen zu beseitigen. Wie viele Verletzungen sind dadurch entstanden.

Zehntes Kapitel

Die Amerikareise – Die Fahrt nach New York

Im Frühjahr 1979 erhielt ich einen Brief von Ronald aus New York. Er war einer der beiden amerikanischen GIs, die Mitte der fünfziger Jahre in Heidelberg ihren Wehrdienst abgeleistet und um Judiths Hand angehalten hatten. Sie hatte beide abgewiesen. Ronald war darüber todtraurig gewesen, und ich hatte ihm Trost zusprechen müssen. Seitdem standen wir in ständigem Briefwechsel, und ich wusste viel von ihm. Er nannte mich Mutti, und ich ersetzte ihm wohl auch so etwas, denn er hatte seine Eltern früh verloren, die ihm ein Vermögen hinterlassen hatten. Er bat mich in diesem Brief dringend, doch bitte zu ihm nach Amerika zu kommen. Er wolle auch das Reisegeld bezahlen, er sei in großer seelischer Not. Während ich mir das noch überlegte, kam ein Brief von Don, dem zweiten GI, der mich auch Mutti genannt, bei mir Trost gesucht und mir seitdem regelmäßig geschrieben hatte. Don war verheiratet, hatte drei Kinder, aber jetzt funktionierte seine Ehe nicht gut, und er bat mich dringend, ihn in Laguna Beach bei Los Angeles zu besuchen. Er wolle auch für das Reisegeld aufkommen, ich könne vielleicht seine Ehe retten.

Als ich Nella und Max von diesen Einladungen erzählte, rief Max: »Bitte, Mama, darf ich da mit? Ich möchte gerne in Cape Canaveral die Weltraumrakete sehen, in L.A.

Hollywood besuchen und Disneyland und New York angucken.« Nella, die Max keinen Wunsch abschlagen konnte, erklärte sich bereit, seine Mitreise zu bezahlen. Ich freute mich, nicht allein reisen zu müssen. Nachdem Ronald und Don, erfreut über meine Zusage, auch Max herzlich einluden, wurde die Amerikareise im Sommer 1979 eine beschlossene Sache. Bis zu dem Tag der Abreise war ich sehr damit beschäftigt, möglichst originelle Mitbringsel für Ronald, Don, seine Frau, die drei Kinder und die Eltern Dons auf dem Flohmarkt und in Antiquitätenläden zu finden und zu kaufen. Es sollte alles etwas sein, das nur in Deutschland zu finden war. Mein Reisegepäck bestand aus einem Koffer voll von diesen Mitbringseln und einem für meine Kleidung.

Die Sommerferien brachen an, und ich fuhr mit Max und Nella zum Flughafen. Nella und ich kauften die Karten für Max und mich an unterschiedlichen Kassen für ein Großraumflugzeug. Als die Stewardess uns in den Raum für die Passagiere mit zwei- bis dreihundert Sitzplätzen geleitete, stellte sich heraus, dass die Sitzplätze nummeriert waren und Max und ich unsere Plätze weit entfernt voneinander hatten, wo wir uns nicht einmal sehen konnten. Als alle saßen, bat ich die Stewardess, das Kind doch neben mir zu platzieren und Fluggäste zu bitten, mit uns die Plätze zu tauschen. Das war nicht so leicht, wie es mir schien. Wer einmal Platz genommen hat und Atem holt von den Strapazen der Einweisung, will nicht wieder aufstehen. Die Stewardess rief mehrmals laut in den Raum: »Tauscht bitte jemand seinen Platz für eine Oma mit Kind, die zusammensitzen müssen?!« Als der dreizehnjährige Max dann aufstehen und zweihundert Menschen zeigen musste, dass er mit dem »Kind« gemeint war, dem man nicht zumuten konnte, allein zu sitzen, war er tief beleidigt und sprach lange kein Wort mehr mit mir. Er hatte auch vorher einen Fensterplatz gehabt, und jetzt saßen wir in der Mitte einer langen Reihe von zehn Menschen, vor uns, hinter uns und neben uns Leute. Geradeaus sah man auf eine Filmleinwand, auf der sich ständig Reklamebilder oder auch gelegentlich Spielfilme bewegten. Ich erinnere mich nicht, dass wir dabei irgendeine Handlung verstehen konnten. So trainierte Max in seiner Verlegenheit unaufhörlich sein Mützenkunststück. Für die Amerikareise hatte ihm Nella eine schicke Schirmmütze geschenkt, wie sie damals Mode war. Diese Mütze warf er mit einer heftigen Kopfbewegung so in die Luft, dass sie sich um sich selbst drehte und von seinem Kopf wieder aufgefangen werden konnte. Es gehörten allerlei Akrobatik und stundenlanges Üben dazu, bis man das konnte. Mir blieb es immer rätselhaft, wie er das überhaupt zustande brachte. Nun jedenfalls machte er mich und unsere Sitznachbarn allmählich ganz verrückt mit der ständig hochkatapultierten und meist auf die Erde fallenden Mütze. Ich musste ihm den Spaß schließlich verbieten.

Nachdem wir sieben Stunden geflogen waren und durch die weit entfernten Fenster nichts als Wolken gesehen hatten, begann plötzlich meine Nase zu laufen. Ich nahm ein Tempotaschentuch und sah zu meinem Erstaunen, dass es voller Blut war. Ich legte meinen Kopf nach hinten, hielt mir die Nase zu und hoffte, das Nasenbluten allein stoppen zu können, aber als meine Packung Tempotaschentücher durchgeblutet war, bat ich die Stewardess um Ersatz und Hilfe. Sie legte mir kalte Tücher in den Nacken, doch als es immer noch nicht aufhörte, rief sie nach einem Arzt. Der kam, ordnete an, eine Sitzbank freizumachen, damit ich mich darauf legen konnte, und begann damit, Watte aus der Bordapotheke in meine Nase zu stopfen. Alles blieb vergeblich, weil in der Bordapotheke eine Pinzette fehlte. Der Arzt rief laut, ob einer der Fluggäste nicht eine Pinzette habe. Alles kramte in den Handtaschen, aber keiner hatte eine dabei. Allmählich wurde es bedrohlich. Nicht nur die Tempotaschentücher der Stewardess, auch meine weiße Bluse begann schon, sich rot zu färben. Dem armen Max wurde bei dem Anblick speiübel, und der Dreizehnjährige genierte sich entsetzlich mit seiner Oma.

Endlich erfuhr ich, dass man in New York beim Kennedy Airport alle anderen Flugzeuge angewiesen hatte, uns zuerst landen zu lassen. Die anderen mussten ihre Warteschleifen verlängern.

Als das Flugzeug stillstand, wurden die Fluggäste angewiesen, sitzen zu bleiben. Vier riesengroße Schwarze kamen mit einer Bahre, packten mich und mein Gepäck darauf und trugen mich hinaus aus dem Flugzeug, gefolgt von dem schamroten Max. In der Ambulanz bekam ich sofort eine Bluttransfusion, und als ich endlich wieder zu mir kam, öffnete sich die Tür, und Ronald stürzte kreidebleich und weinend auf mich zu, umarmte und küsste mich mit seinem leicht ergrauten Vollbart. Einen Mann mit Bart hatte ich noch nie geküsst. Aber es fühlte sich gut und tröstlich an nach dem Schrecken. Man hatte den armen Ronald, der im Warteraum gesessen hatte, aufgerufen und ihm gesagt, dass ich plötzlich verstorben sei. Als er sich darüber entsetzte, habe man zu ihm gesagt, er solle sich doch nicht so aufregen, es sei doch schön, so hoch über den Wolken zu sterben. Da sei man dann doch gleich im Himmel.

Na ja, nun war ich wieder auf der Erde, fand Gott sei Dank in meinem Handgepäck auch eine Bluse zum Wechseln, sodass ich allmählich wieder manierlich aussah und Max sich nicht mehr allzu sehr schämen musste. Nach einiger Zeit der Erholung brachte man einen Rollstuhl und eine Überweisung an einen Arzt in der Nähe von Ronalds Wohnung. Als ich fragte, was denn die ganze Mühe, die man sich mit mir gemacht hatte, und die Bluttransfusion kosten solle, hieß es, das koste nichts. Das sei Service. Man würde doch seine Fluggäste nicht verbluten lassen. Wenn mir das in Deutschland passiert wäre, hätte ich vermutlich sofort abreisen müssen, denn das alles hätte mehr gekostet, als ich für die ganze Amerikareise vorgesehen hatte. Man gab mir sogar umsonst einen Blutdruckmesser mit, den ich fleißig benutzen sollte, denn der Blutsturz sei wegen eines zu hohen Blutdrucks in der Höhenluft entstanden. Max und Ronald karrten mich nun in meinem Rollstuhl nach draußen zu einem Taxi, und dann fuhren wir nach Manhattan. Mir fiel dabei auf, dass wir einmal angehalten wurden und Maut für das Befahren dieser Straße bezahlen mussten. Manhattan ist auf einer sumpfigen Insel gebaut, die vom Wasser des East River auf der einen und vom Hudson River auf der anderen Seite umspült wird. Auf dieser großen länglichen Insel sieht man nirgends mehr ein Fleckchen Erde. Alles ist bis auf den letzten Zentimeter mit Straßen und Häusern zugemauert. Ich bilde mir ein, auch keinen einzigen Baum gesehen zu haben, außer im Central Park in der Mitte der Insel.

Manhattan ist in Avenues, die längs von Norden nach

Süden verlaufen, und Streets, die von Osten nach Westen gehen, wie ein Karomuster unterteilt. Schräg durch ganz Manhattan läuft von Nordwesten nach Südosten der lange Broadway. In diesem wird es nie dunkel, weil alle Häuserfronten mit ständig die Bildmotive und Leuchtschrifttexte verändernden Lichtreklamen bedeckt sind. Die Häuser sind alle mindestens fünf, oft aber auch dreißig bis sechzig Stockwerke hoch. Man nennt sie nicht zu Unrecht Wolkenkratzer, weil viele von ihnen wirklich bis an die Wolken ragen. Im World Trade Center, den beiden größten Wolkenkratzern, die am 11. September 2001 durch zwei in sie hineinrasende Flugzeuge zerstört wurden, konnte man manchmal in den oberen Stockwerken die Wolken unter sich sehen, wie im Flugzeug. Was mir besonders auffiel, war, dass diese Stadt blind zu sein schien, weil offensichtlich niemand aus den vielen Fenstern hinaus auf die Straße blicken konnte. Vor jedem Fenster hing eine Klimaanlage, die die verbrauchte Luft im Haus hinausblies und die Straßenluft hereinblies und kühlte. In den Streets und Avenues fuhren keine Straßenbahnen, sondern außer LKWs und PKWs nur Busse und Taxis. Die Letzteren hatten keinen festen Standplatz, sondern fuhren so lange mit einem »Free«-Fähnchen kreuz und quer durch die Stadt, bis sie jemand anhielt. Auf den Straßen sah man Menschen aller Nationalitäten. Am seltsamsten war für mich, dass wir immer wieder an Kirchen vorbeifuhren, die inmitten der Hochhäuser wie Zwerge aussahen, obwohl ihre Glockentürme die für Kirchen übliche Höhe hatten. Auch der Kölner Dom hätte sich hier zwischen seinen Nachbarn winzig ausgenommen. Einmal fuhren wir an einer Kirche vorbei, an der hing ein Schild: »For Sale« (zu verkaufen). Ronald erklärte mir, es gäbe in Amerika sehr viele Kirchen, die alle das Privateigentum einer bestimmten Glaubensrichtung oder Sekte seien. Es gäbe auch Moscheen und Synagogen unterschiedlicher Richtungen. Alle Menschen gehörten in irgendeine dieser Gemeinschaften. Jede finanziere sich selbst. Der Staat zöge für keine von ihnen eine Kirchensteuer ein. Der Glaube sei bei allen Menschen absolute Privatsache. Jeder habe die freie Wahl. Nur wenn man gar keiner Gemeinschaft angehöre, würde man etwas schief angesehen. In Amerika seien die meisten Leute sehr fromm.

Das Symbol dieser Glaubensfreiheit, die riesige Freiheitsstatue, die jeden aus Übersee einfahrenden Dampfer schon von weitem begrüßt, konnte ich leider nicht sehen, da wir von Norden her nach Süden in Richtung Atlantik fuhren. Diese Ankunft mit dem Anblick der Freiheitsstatue hatte ich mir früher oft vorgestellt. Das war für mich »Amerika« gewesen. Endlich hielt unser Taxi vor einem etwa sechsstöckigen Mietshaus in einer der Streets. Ronald führte uns in den zweiten Stock in seine Wohnung. Sie bestand aus einer Eingangsdiele, in der ein Sofa mit Tischchen und zwei Sesselchen standen, einem Schlafzimmer mit einem Bett und einem Schrank, einer Toilette und einer winzigen Küche. Ein Badezimmer gab es nicht.

»Kann ich irgendwo meine blutige Bluse waschen?« »Nein«, sagte Ronald, »die nehme ich mit in die Wäscherei. Hier kann man das nicht.« In der Toilette gab es nur ein relativ kleines Handwaschbecken mit einem Wasserhahn für kaltes Wasser. In der Küche gab es nur einen Spülstein. In der Toilette sah ich zu meinem Entsetzen Kakerlaken auf dem Boden krabbeln, und beim näheren Hinschauen sah ich, dass es in der Diele und im Schlafzimmer am Boden ebenfalls verdächtig lebendig wimmelte. »Ach, die tun nichts«, meinte Ronald besänftigend. »Wir haben uns hier in Manhattan alle daran gewöhnt. Die kommen aus dem Sumpf unter allen Häusern. Man kriegt sie nicht weg. Ich werde Gläser mit Wasser unter die Füße deines Bettes stellen, dann kommen sie nicht zu dir hinauf in die Kissen.« Dann bettete er mich liebevoll auf das verschlissene Sofa, aus dem einige Sprungfedern herausragten. Während Ronald in der Küche verschwand, um ein Mahl für uns vorzubereiten, saß Max auf seinem Stuhl, starrte fassungslos und stumm auf die Kakerlaken und trainierte sein Mützenkunststück. Ein über das andere Mal. Allmählich fing er die Mütze schon öfter auf. Am Ende unserer Amerikareise hätte er damit im Zirkus auftreten können.

Ronald erklärte uns, ich solle in dem Bett im Schlafzimmer schlafen, Max hier auf dem Sofa, und er würde nebenan bei einem Freund nächtigen. Ich brauchte eine Weile, bis es mir gelang, den Kuchen zu essen und den Kaffe zu trinken, den Ronald uns brachte. Denn Ronald holte unsere Teller aus dem Kühlschrank, wo er sie zum Schutz vor den Kakerlaken hineingestellt hatte, und wusch sie jetzt erst unter dem Spülstein ein wenig ab. Er war vor vierundzwanzig Jahren in Heidelberg ein ausgesprochen schöner, glatt rasierter Jüngling von zweiundzwanzig Jahren gewesen. Er war ein intellektueller »Softie«, wie man heute sagt. Man merkte ihm die gute Erziehung und Herzensbildung deutlich an. Jetzt, mit seinem ergrauenden Vollbart und den gelichteten Haaren, sah er sehr verändert aus, hatte aber immer noch dieselben guten Augen. Er wirkte verwahrlost, fast wie ein Obdachloser. Seine Hemden waren am Kragen und an den Manschetten durchgescheuert und nicht gebügelt. Sein Anzug war an den Ellenbogen und Knien fadenscheinig, die Schuhsohlen durchlöchert.

Es kamen Freunde von Ronald, um mich zu besichtigen, und nachdem sie die Geschichte von meinem Nasenbluten erfahren hatten, schleppten sie alle möglichen Hilfsmittel und Medikamente herbei und gaben gute Ratschläge. Es waren alles sehr gebildete, gut erzogene und freundliche Menschen. Ich freute mich für Ronald, dass er so viele gute Freunde hatte.

Am nächsten Tag ging ich dann zu diesem Arzt, an den ich überwiesen worden war. Der sagte, ich hätte Glück gehabt, wenn die Nase nicht geblutet hätte, hätte ich einen Gehirnschlag bekommen, und ich wäre tot gewesen. Er verordnete mir Ruhe und einige Medikamente. Unsere Tage in Manhattan verliefen anders, als wir geplant hatten. Ich lag tagsüber entweder auf dem Sofa in der Diele oder putzte die Wohnung, wenn Ronald nicht zugegen war. Kochen, abwaschen und seine Wäsche und Kleidung durchsehen und wenn nötig flicken durfte ich in seiner Anwesenheit, während wir miteinander sprachen. Max verließ uns schon am frühen Morgen mit einem Stadtplan und etwas Taschengeld und erkundete auf eigene Faust New York. Er kam erst abends, wenn es dämmerte, nach Hause, hatte viel zu erzählen und sich offensichtlich in den unzähligen Streets und Avenues gut zurechtgefunden und viel Interessantes entdeckt. Ich war ganz stolz auf meinen selbständigen »Schirmmützenkünstler«. Ich hatte inzwischen den ganzen Tag, ob liegend, ob arbeitend, damit zu tun, Ronalds lange Lebensbeichte anzuhören. Er hatte mich gerufen, weil er sich von seiner Trunksucht befreien wollte, gegen die er aus eigenem Willen nicht mehr ankam. Ursprünglich hatte er Wirtschaftswissenschaften studiert, war in einer Bank angestellt worden und hatte dort lange gearbeitet. Eines Tages rief ihn der Chef zu sich und bot ihm eine steile Karriere in den obersten Rängen der Bank an, wenn er sich entschließen könne, sein Leben nun ganz und gar den Interessen dieser Bank zu widmen. Er überschlief die Vorschläge eine Nacht und kam zu dem Entschluss, für den Erwerb von Geld sei er nicht geschaffen und er könne sein Leben nicht in den Dienst des Geldes stellen. Er kündigte und lebte fortan von seinen Zinsen, ohne zu arbeiten. Da er jedoch keinen Ersatz für eine den Tag ausfüllende Tätigkeit mehr fand, begann er zu trinken. Alles im Leben kam ihm sinnlos vor, seit Judith ihn abgewiesen hatte. Er hatte auch nie einen Ersatz für diesen Traum gefunden. Ein Traum war es, denn Judith hätte zu keinem Mann schlechter gepasst als zu diesem zart besaiteten, überintelligenten Softie. Ich erzählte ihm von den Anonymen Alkoholikern, die sich selbst gegenseitig aus dem Sumpf ihrer Sucht herauszogen. Es gelang uns noch während meiner Anwesenheit, dass Ronald Kontakt zu so einem Verein in New York bekam.

In der zweiten Woche war ich dann so weit, dass ich mit Ronald einige Sehenswürdigkeiten in New York besichtigen konnte. Ronald war dabei ein sehr amüsanter und witziger Führer. Er führte mich und Max natürlich auf die Türme des World Trade Center, das erst fünf Jahre zuvor errichtet worden war. Da ich mich erinnere, wie lange der Fahrstuhl brauchte, bis wir ganz oben waren, konnte ich am 11. September 2001 nachempfinden, welche Angst die Menschen ausgestanden haben müssen, die nach dem Einschlag versuchten, lebendig nach unten zu kommen. Wir hatten Glück und von oben bei klarem Wetter eine gewaltige Aussicht. Dann waren wir in einem Planetarium, das zugleich einen Raum hatte, in welchem die für uns wichtigsten Himmelskörper, Sonne, Mond, Mars, Venus, Erde, Merkur, Jupiter, Saturn, Uranus, Neptun und Pluto, im verkleinerten Maßstab in ihren korrekten Größen- und Entfernungsrelationen zueinander plastisch dargestellt waren. Bei jedem Himmelskörper konnte man die Hand auf einen Magneten legen, der einen körperlich fühlen ließ, wie stark die Anziehungskraft dieses Himmelskörpers für uns spürbar sein würde. Bei einigen bekam man die Hand kaum noch frei, so fest schien sie zu kleben. Bei einigen flog sie hoch. Erstmalig kam mir die Entfernung zum Bewusstsein, die unsere Erde von der Sonne trennt. Dann gab es einen Raum, in dem man durch Kaleidoskope in den Himmel sehen konnte. Zum Schluss wurde man in einen kreisrunden Raum geführt, mit ringsum angeordneten Stuhlreihen wie in einem Opernhaus, über denen sich in der Form einer Käseglocke ein schwarzer Himmel mit allen Sternen befand. Die Sterne bewegten sich langsam, jeder wie sein Ebenbild im Kosmos. An einer Seite war der Vesuv abgebildet, wie er zur Zeit vor dem Untergang von Pompeji aussah. Dann sahen wir, als ob wir uns in einem Schiff auf dem Ozean befänden, sozusagen wie von weitem den Ausbruch des Vesuvs und den Untergang der Städte Pompeji und Herculaneum. Es war eine sehr eindrucksvolle Darbietung. Das Publikum bei diesem Spektakel bestand vorwiegend aus Schwarzen. Offensichtlich fielen Max und ich dort auf, denn plötzlich kam ein kleines, etwa fünf Jahre altes schwarzes Mädchen zu mir gerannt, setzte sich auf meinen Schoß und legte seine Ärmchen um meinen Hals. Keine

Mutter rief es zurück. Es war aber auch sehr dunkel im Raum.

Wir besichtigten den Central Park und ein völkerkundliches Museum, in dem mehrere in der entsprechenden Tracht gekleidete lebensgroße Menschenfiguren eine für ihr Volk typische Arbeit zu verrichten schienen: Eskimos beim Robbenfang, Australier auf der Jagd, Indianer am Lagerfeuer, Japaner beim Walfang, Afrikaner beim Bauen von Hütten, Engländer als Soldaten, Franzosen als napoleonische Soldaten, Chinesen auf Dschunken und so weiter. Ich erwartete, Deutsche in SA-Uniform mit Peitsche zu sehen. Deutsche fand ich aber gar nicht.

Einmal führte Ronald uns in ein außerordentlich vornehmes Clubhaus, wo nur ehemalige Oxfordstudenten speisen durften, wobei sie von einem Pianisten unterhalten wurden, und einmal gingen wir in Chinatown in ein chinesisches Restaurant. Dort erhielt man ein Tablett, Essbestecke und Stäbchen in die Hand gedrückt. Dann ging man an einer langen Theke entlang, auf welcher auf Wärmeplatten in Schüsselchen und Tellerchen fertig angerichtete chinesische Speisen standen. In jedem Gericht steckte ein Fähnchen mit dem Preis. Man füllte sein Tablett mit allem, was einem gefiel. An der Kasse wurde mittels der Fähnchen der Gesamtpreis errechnet und bezahlt, und dann ging man mit seinem Tablett an einen leeren Tisch, auf dem man sich sein Mahl gemütlich anrichten konnte. Das Getränk holte man sich ebenfalls selbst. War man fertig, kam ein Chinese, ergriff das Tischtuch an allen vier Ecken, schulterte es mit allem, was drauf war, wie einen Sack auf dem Rücken und eilte damit zu einem großen tonnenartigen Gerät. Er kippte den ganzen Sack mit allen Tellerchen, Schüsselchen, Gläschen, Bestecken und Stäbchen in das Gerät, drückte auf einen Knopf, und ratter, ratter, ratter wurde alles in größter Geschwindigkeit zu Mehl zermahlen und mit Wasser in die Abflussrohre gespült. Der Chinese kam lächelnd wieder, breitete ein neues weißes Tischtuch über dem Tisch aus und forderte einen höflich auf, nun den Raum zu verlassen. Ronald erklärte mir, die Chinesen beschäftigten nur ungern Schwarze. Aber nur Schwarze seien noch bereit, die Dreckarbeit des Geschirrspülens auf sich zu nehmen. Auf diese Weise verdiene dieses Lokal wahrscheinlich das Doppelte von dem, was das teure Clubhaus für die ehemaligen Oxfordstudenten verdienen könne. Alles Geschirr und alle Bestecke seien aus billigstem Kunststoff hergestellt, und ihre Vernichtung koste weniger als ihre Säuberung.

Mir fiel auf, dass ganz im Gegensatz zu Deutschland in den USA alles in Privathänden war: die Post, das Telefon, das Fernsehen, alle Theater, die Rundfunkanstalten, alle Filmproduktionen, der Straßen- und Bahnverkehr, die Müllabfuhr, Wasser-, Öl- und Gasversorgung, die Schulen und Universitäten, die Versicherungen und jegliche Fürsorge für Alte, Kranke und Arme und, wie gesagt, die Kirchen. Wenn Menschen geholfen wurde, dann nicht durch bezahlte Beamte, sondern direkt von anderen Mitmenschen. Ronald versicherte mir sogar, dass sich selbst in einer Millionenstadt wie New York, in der man denke, die Menschen müssten doch in dem Gewimmel, in all den Wolkenkratzern völlig vereinsamen und verrückt werden, sich jeder um seine Mitmenschen kümmere. Es gebe unter den vielen Religionen auch keine Kämpfe. Ob man jüdisch sei, ob mohammedanisch, ob hinduistisch oder ob man einer der unzähligen diversen christlichen Glaubensgemeinschaften angehöre: Jeder habe die Freiheit, zu denken und zu glauben, was er wolle. Gottlos und kommunistisch durfte man damals theoretisch zwar sein, jedoch wurde einem dann auch jedes Verbrechen zugetraut. Am wenigsten gelöst sei das Problem mit den Schwarzen, die immer noch nicht ganz integriert seien, sagte Ronald. Zwar hätten die meisten Menschen keine Probleme mit der schwarzen Hautfarbe, da jeder von Kindheit an gewohnt sei, mit Schwarzen zusammenzuleben. Vielmehr bestehe das Problem darin, dass ihre Vorfahren viele, viele Generationen lang daran gehindert worden waren, in Familien zu leben. Man hatte bei den Sklaven Männer von den Frauen, Kinder von den Müttern und Väter von den Familien beliebig getrennt. Die Kinder sollten ohne Vorbilder, ohne Bildung und ohne jegliche Kultur aufwachsen. Sehr viele Schwarze seien aber inzwischen längst in die Gesellschaft integriert worden. Der Bürgermeister von L. A. beispielsweise sei ein Schwarzer. Aber es werde doch noch mindestens ein Jahrhundert dauern, bis zwischen Schwarz und Weiß kein Unterschied mehr gemacht würde. Ronald weigerte sich, mir die Slums und die Untergrundbahnen zu zeigen, weil er meinte, Weiße seien dort gefährdet. So haben Max und ich bei unserer Reise nach Manhattan Schwarze nur als Taxifahrer und Busfahrer erlebt.

Ich ließ Ronald in einer sauber geputzten Wohnung zurück, mit gewaschener und geflickter Bettwäsche, neuen Hemden, einem neuen Anzug und neuen Schuhen und dem Versprechen, sich den Anonymen Alkoholikern anzuvertrauen. In der Zeit, in der ich da war, habe ich ihn nie betrunken gesehen, allerdings kam er morgens immer erst sehr spät zu mir in seine Wohnung. Tatsächlich ist Ronald mit Hilfe der Anonymen Alkoholiker geheilt worden. Er fing ein Studium für Sozialpädagogik an, beendete es erfolgreich und ist seitdem Streetworker und Vorsitzender einiger Vereine für anonyme Alkoholiker. Wir stehen immer noch in Briefwechsel und rufen uns auch gelegentlich an.

Elftes Kapitel

Amerikareise, Teil zwei

Der Flug mit Max von New York nach L.A. verlief diesmal unblutig und ohne alle Komplikationen. Max hatte sogar einen Fensterplatz, und ich konnte auch rausgucken. Max und mir war nicht voll bewusst gewesen, dass die USA siebenundzwanzigmal so groß sind wie Deutschland und dass das Überfliegen dieses Erdteils fast so lange dauern würde wie das Überfliegen des Atlantiks von Europa in die USA. Mindestens vier Stunden dieser Zeit flogen wir über eine braune Wüste, in der man weder Wälder noch Felder, noch Dörfer, noch Städte, noch Flüsse, noch Seen entdecken konnte. Wir überlegten uns, wie es die Abenteurer wohl gemacht hatten, die es mit dem Ruf »Let's go west« wagten, mit ihren Pferdegespannen und ihrem Hab und Gut auf den Planwagen einfach immer nur nach Westen zu ziehen, ohne das Ziel zu kennen und ohne zu wissen, ob sie am nächsten Tag noch irgendwo Wasser finden würden. Das war schon eine ganz erstaunliche Leistung. Wie viele mögen da verdurstet sein? Als das erste Grün wieder unter uns auftauchte, fast wie mit einem Lineal von der Wüste getrennt, waren wir auch schon in Kalifornien, diesem schmalen Streifen üppigster, Winter wie Sommer blühender Landschaft, in der es fast nie regnet und schneit, aber der Morgentau allen Pflanzen das nötige Wasser gibt.

Don holte uns in L.A. mit seinem großen Auto ab. Ich sah die Stadt nur von weitem. Sie wirkte auf mich wie ein unendlicher, bis an den Horizont reichender Flickenteppich aus unzähligen Schrebergärten mit kleinen Häuschen darin. Nur in einer Ecke ragten einige Hochhäuser in den Himmel. Don wohnte in Laguna Beach, einem kleinen Badeort am Strand des Pazifik. Es war bis dahin ein ziemlich weiter Weg. Die Autobahn war achtspurig, und man konnte seitwärts keine Landschaft sehen, weil an den Rändern der Bahn ein großes Reklameplakat neben dem anderen aufgebaut war. Es war, als sei die Autobahn eingemauert. Hier war alles anders als in New York, obwohl wir auch an einer Stelle angehalten wurden und Maut für die Benutzung der Straße zahlen mussten. Sehr häufig gab es seitlich kleine Ausfahrten, die nur zu einem Parkplatz führten. Hinter diesem Parkplatz stand entweder ein sehr lang gestrecktes, aber nur einstöckiges Kaufhaus oder – etwas seltener – eine Kirche. Don erzählte mir, die Kaufhäuser seien Tag und Nacht geöffnet, und auch in die Kirchen könne man gehen, wann man wolle. Später kaufte ich einmal mit Don nachts um 24 Uhr in so einem Kaufhaus ein. Alles war leer, aber an der Kasse saß jemand, der uns dann unsere Waren beflissen in unser Auto trug. Don sagte, in Los Angeles gebe es auch Stadtteile mit Einkaufsstraßen, Kaufläden, Restaurants und Bürgersteigen wie bei uns in Deutschland. Aber außerhalb dieser Gegend dürfe man sich als Fußgänger draußen nicht sehen lassen, dann mache man sich als Dieb verdächtig. Jeder besitze dort ein Auto. Er habe auch mehrere, die von seinen Kindern und seiner Frau benutzt würden.

Don war das genaue Gegenteil von Ronald. Er war ein

großer breitschultriger Mann mit einem einfachen, guten bäuerlichen Gesicht. Seine Familie stammte aus Polen. Seine Vorfahren waren alle Bauern gewesen. Don arbeitete als Ingenieur schon seit Beendigung seines Studiums bei der NASA. Er konnte mir viel Interessantes über die Weltraumprojekte der Amerikaner erzählen.

Wir hielten in Laguna Beach vor einer prächtigen Villa mit großem Garten. Dons Frau, seine beiden Töchter, achtzehn und sechzehn, und sein Sohn, vierzehn, begrüßten uns als alte Bekannte. Don hatte mich einmal mit Frau, Kindern und Eltern in Heidelberg besucht. Sie waren auf einer Reise nach Polen gewesen, wo sie das Dorf ihrer Vorfahren besichtigen wollten. Alle begrüßten uns freundlich, aber ich spürte eine Spannung zwischen dem Ehepaar und den Kindern. Mir kam es vor, als habe Don alle etwas überrumpelt mit seiner Einladung an mich und Max.

Das Haus war weiträumig und sehr geschmackvoll eingerichtet. Jedes Kind hatte ein eigenes Zimmer, und auch ich bekam ein Gästezimmer. Max schlief bei dem vierzehnjährigen Jungen. Wir waren froh, endlich wieder baden und duschen zu können. Hier konnte ich nun meinen großen Koffer mit den vielen Mitbringseln auspacken, die ich mit so viel Liebe und Sorgfalt ausgesucht hatte. Ich wunderte mich, dass keines der Geschenke wirkliche Freude oder etwas Interesse auslöste. Man bedankte sich höflich. Als ich in den nächsten Tagen in Laguna Beach spazieren ging, merkte ich, dass ich alle meine Geschenke hier billiger hätte einkaufen können. Was bei uns etwas Besonderes gewesen war, erschien hier als Massenware. Ich schämte mich meiner Weltunerfahrenheit.

Bei Don schien es üblich zu sein (sofern es nicht ein Akt

der Höflichkeit dem deutschen Gast gegenüber war), dass alle Familienmitglieder drei Mahlzeiten am Tag gemeinsam einnahmen. Später hörte ich durch meine Enkel, die fast alle einmal als Austauschschüler eine Zeit lang in amerikanischen Familien waren, dass es ganz allgemein in Amerika üblich sei, nur sonntags gemeinsam zu essen. Sonst hole sich jeder, wenn er hungrig sei, sein Essen aus dem Kühlschrank. Don musste tagsüber an seine Arbeitsstelle und kam erst am Spätnachmittag nach Hause. Seine Frau betrieb im Städtchen einen Tierhandel. Sie hatte einen großen rechteckigen Laden, an dessen beiden langen Seiten unzählige Käfige angebracht waren. Ein Strom von Menschen ging von morgens bis abends in diesem Laden an den Käfigen vorbei, drehte am Ende um und ging an der anderen Seite wieder zurück. Die meisten wollten nur die Tiere besichtigen, die in den Käfigen waren. Es gab da viele Hunde, Meerschweinchen, Kaninchen und vor allem viele Vögel jeder Art. Dons Frau hatte viel Arbeit, alle diese Käfige sauber zu halten, die Tiere zu pflegen und zu verpflegen, einzukaufen und zu verkaufen. Die Töchter halfen ihr, wo sie konnten. Die ganze Familie war außerordentlich tierlieb. War ein Tier krank, nahmen sie es mit nach Hause, pflegten und päppelten es dort wieder auf. Sie hatten im Haus zwei Hunde, drei Katzen und einen Papagei. Ich stand einmal am Ende des Rechtecks im Laden, da, wo die Zuschauer sich wieder zum Ausgang bewegten. Über mir hing ein großer Ring, auf dem stumm und bewegungslos ein prächtiger Papagei, ein Ara, saß. Er war nicht angekettet. Seine Augen blickten ausdruckslos und dumm nach rechts und nach links. Plötzlich kam Bewegung in das Tier. Unbeholfen sprang es von dem Ring in die Menschenmenge hinein auf die Erde und watschelte zwischen all den Menschenbeinen auf den Ausgang zu. Dort war eben Rose, die älteste Tochter Dons, eingetreten. Der Papagei sprang auf ihre Schulter, gab ihr Küsschen, und sie trug ihn wieder zurück zu seinem Ring. Alles klatschte Beifall. Mir war unbegreiflich, wie der Papagei Rose aus dieser Entfernung unter den vielen Menschen hatte erkennen können. Vor allem, weil seine Augen ja nach rechts und links geblickt zu haben schienen. Papageien sehen immer ein bisschen dumm aus, und ihre Stimme klingt auch nicht sehr intelligent, aber offensichtlich sind sie sehr klug.

Tagsüber war ich oft mit den Kindern am Strand. Wellen wie am Pazifik hatte ich weder an der Ostsee noch an der Nordsee je gesehen. Sie waren buchstäblich haushoch, und wenn sie brandeten, rissen sie alles mit sich fort. Ich wagte mich nie ins Wasser, ohne dass der bärenstarke Don mich festhielt. Die beiden dreizehn und vierzehn Jahre alten Jungen, Max und Kevin, übten stundenlang, auf diesen Wellen zu surfen. Kevin konnte es schon sehr gut und machte es Max immer wieder vor. Dessen Ehrgeiz war gewaltig. Er ließ sich durch keinen Sturz abschrecken, versuchte es immer und immer wieder, genau wie das Mützenkunststück, und am Ende der Ferien konnte er es wirklich so gut wie Kevin.

Wenn Don von der Arbeit kam, packte er mich in sein Auto und fuhr mit mir durch die Gegend, um über seine Probleme zu sprechen. Ich war leider zu spät gekommen. Seine Frau hatte sich schon vor meiner Ankunft entschlossen, sich scheiden zu lassen und zu einem anderen zu gehen. Ich hätte daran nichts mehr ändern können. Don litt sehr unter dem Scheitern dieser Ehe, fast so wie damals, als

Judith ihn abwies. Er war ein Familienmensch. Ich hatte ihn mir eigentlich immer als Schwiegersohn gewünscht. Er war jemand, auf den man sich in jeder Lebenslage voll und ganz verlassen konnte. Wenn alle anderen Menschen in Panik gerieten, blieb er ruhig und gelassen und behielt alles im Blick. Bei keinem anderen Menschen fühlte ich mich als Beifahrer im Auto so sicher wie bei ihm. Er ist der treuste all meiner Freunde und hat mich sogar im Jahr 2000 hier in Ahrenshoop besucht. Seine Kinder hingen an ihm, und er war der großartigste Vater, den man sich nur wünschen kann. Aber Judith war er zu langweilig gewesen, zu einfach, zu uninteressant und seiner Frau offensichtlich auch.

Einmal fuhr Don mit den Kindern und mir nach Hollywood. Dort gab es ein großes Gelände, auf dem man alle Tricks besichtigen konnte, durch die dem Publikum in den Filmen die Illusion vermittelt wird, dass es einem wirklichen Unfall, einem wirklichen Mord oder einer wirklichen Katastrophe zuschaut. Da gab es zum Beispiel ein sehr großes Glasbassin mit doppelten Wänden. In den Zwischenraum kam Wasser, die Menschen stiegen trockenen Fußes in das Bassin, schauten mit dem Kopf über das Wasser, das in wellige Bewegung versetzt wurde, und wenn man das filmte, sah es aus, als ob die Leute in dem Bassin tatsächlich am Ertrinken wären. Man konnte Männern kleine Platzpatronen unter den Anzug nähen, und wenn sie »erschossen« werden sollten, wurde die Explosion dieser kleinen Patrone ausgelöst, sodass es ein Loch im Anzug gab, an dem der Mann »starb«. Max und Kevin durften sich auch einmal als Fahrer und Beifahrer auf eine Motorradattrappe setzen und sollten so tun, als ob sie fuhren. Dann wurde es dunkel, und hinterher durften sie sich einen kleinen Videofilm ansehen, in dem sie beide auf dem Motorrad in überhöhter Geschwindigkeit durch eine wunderschöne Landschaft brausten. Max hat sich seitdem nie wieder erschrocken oder gefürchtet, wenn er in Filmen sehen musste, dass irgendjemand auf grässliche Weise umgebracht wurde. Einmal durften alle Kinder, mit Taschengeld versehen, einen ganzen Tag in Disneyland verbringen. Max erzählte begeistert davon.

Dons Kinder hatten Schulferien, und wenn sie nicht irgendetwas unternahmen oder am Strand badeten und surften, saßen sie mit Max viel vor dem Fernseher. Ich erlebte dabei das erste Mal, was 1979 in Deutschland noch nicht erlaubt war: den Horror des Privatfernsehens. Jede noch so interessante, lehrreiche oder künstlerische Sendung wird alle drei bis fünf Minuten durch Werbesendungen brutal unterbrochen. Dadurch verliert der Zuschauer jede Möglichkeit, sich auf irgendetwas, das er sieht, zu konzentrieren. Entsetzt berichtete ich davon in Deutschland und konnte es dann später kaum glauben, dass man auch bei uns eine solche Kulturlosigkeit einführte und förderte. Es ist kein Wunder, wenn die Leistungen aller Schüler und ihre Konzentrationsfähigkeit immer mehr nachlassen.

Don erzählte mir gelegentlich von seiner Arbeit bei der NASA. Man plante dort, eine Weltraumstation zu bauen, in welcher eine Schar von Wissenschaftlern mit Frauen und Kindern so lange überleben und sich fortpflanzen könnten, bis sich nach einer möglichen großen Atomexplosion die Radioaktivität über der Erde verzogen hätte und man das Leben dort wieder in Gang setzen könnte.

Diesmal reisten wir schon nach sieben Tagen wieder ab, weil Max unbedingt noch nach Miami in Florida wollte.

Dort fanden wir wieder ein ganz anderes Amerika vor. Hier sahen wir erheblich mehr Schwarze auf den Straßen als in Manhattan und Laguna Beach. Miami unterschied sich wenig von europäischen Städten. Wolkenkratzer von der Größe, wie sie in New York üblich waren, gab es dort wenig oder gar nicht. Unser Taxi hielt vor unserem Hotel, einem niedrigen, barackenähnlichen Gebäude, das einen armseligen Eindruck machte. Als wir aber das Hotel betraten, empfing uns ein bisher nicht erlebter Luxus. Es gab einen gewaltig großen Speise- und Aufenthaltsraum, und die Schlafzimmer der Gäste befanden sich getrennt davon in unzähligen kleinen Bungalows, in denen es nur das Gästezimmer und ein Badezimmer gab. All die vielen kleinen Schlafhäuschen waren um ein großes Schwimmbecken platziert. Wenn man morgens aufstand, konnte man schon nach drei bis vier Schritten ins Wasser springen und schwimmen. Die Bungalows hatten alle ein Telefon, um Angestellte aus dem Haupthaus herzurufen, und einen Fernseher und eine Klimaanlage, sodass es in unserem Zimmer angenehm kühl war, obwohl draußen eine Hitze herrschte von mindestens vierzig Grad Celsius. Ich sank sofort auf mein Bett und blieb dort liegen, bis es abends dunkel wurde und kühl genug, um ins Haupthaus hinüber zum Speisen zu gehen. Dieses Hotel wurde geführt von einem schwarzen Ehepaar, das Herr über viele weiße Kellner und Zimmermädchen war. Auch in der Stadt sah Max viele schwarze Chefs in Geschäften. Mir haben später manche Gäste in Ahrenshoop erzählt, in Miami gebe es eine große Anzahl sehr krimineller Schwarzer und man könne sich als Weißer in manche Stadtteile nicht wagen. Davon habe ich nichts bemerkt.

Da ich wegen der Hitze und meines Herzens im Bett bleiben musste, unternahm Max auch hier wieder Besichtigungsfahrten allein. Er besuchte die Raketenbasis in Cape Canaveral und war begeistert. Hier blieben wir nur vier Tage, und dann ging es auf einem Non-Stop-Flug von Miami nach Frankfurt wieder zurück nach Hause. Ich war sehr dankbar, doch wenigstens einmal im Leben etwas von der Welt gesehen zu haben.

Zwölftes Kapitel

Herzinfarkt

Als wir 1952 nach der Flucht nach Heidelberg kamen, hatten wir weder Wäsche noch Hausrat, noch Möbel besessen. Die Kinder waren in Lumpen gekleidet gewesen. Im Jahr 1982 waren wir nun dreißig Jahre lang im Westen. Betty und ihr Mann hatten sich gerade in Neu-Isenburg in der Nähe von Frankfurt gemeinsam mit Freunden ein Haus gekauft. Es hatte einen großen Garten und lag neben dem Stadtwald, wo es große Spielplätze für die Kinder gab. Judith besaß in Berlin ein Haus, Nella und Susi wohnten in großen Wohnungen in Frankfurt, und ich fand direkt neben Bettys Haus eine schmucke Dreizimmerwohnung in einer Villa mit Garten.

Max war nun siebzehn Jahre alt, machte im nächsten Jahr sein Abitur und brauchte mich nicht mehr. Er zog zu seiner Mutter. Das erste Mal in meinem Leben hatte ich eine Wohnung für mich allein und brauchte für niemanden mehr zu sorgen. Alle meine Töchter hatten beruflich einen erfolgreichen Weg gemacht, waren kreative, tüchtige, zuverlässige Menschen geworden, waren gute Mütter und finanziell ohne Sorgen. Die Enkel waren alle wohlgeraten, gesund und begabt, und Betty war nun noch einmal schwanger. Aber das Beste war, wir hielten alle immer noch wie Pech und Schwefel zusammen. Zu Weihnachten und zu Geburtstagen kamen immer alle Töchter und Enkel nach Hause. Bei jedem dieser Feste dankten mir meine Töchter dafür, dass ich vor dreißig Jahren den Mut gehabt hatte, so ohne alles in den Westen zu fliehen. Wenn ich einmal irgendwo mit meiner Familie prahlte, die sich noch nie gestritten habe, fragten mich manche Leute: »Haben Sie schon geerbt?« Das musste ich dann verneinen. Bis 1978 hatten wir noch Hoffnung gehabt, dass wir einmal in unser geliebtes Ahrenshoop zurückkehren könnten. Jetzt war diese Hoffnung aufgegeben, und wir begannen, unser Heimweh zu verlieren und für das dankbar zu sein, was wir erreicht hatten.

Mein Vater hatte gefürchtet, ich könne als Schauspielerin unter die Räder kommen. Ich hatte lange das Gleiche für meine allzu hübschen Töchter Judith und Nella gefürchtet. Jetzt musste ich froh und dem Schicksal dankbar sein, dass alles doch so gut gelaufen war. Ich hatte mein Ziel erreicht. Mehr hatte ich als Mutter vom Leben nicht erwartet. Ich hatte das meinige getan, nun brauchte mich niemand mehr. In der Bibel steht: »Das Leben währet siebzig Jahre«, und das sollte auch so sein, dachte ich. Ohne Kind, ohne Verantwortung für andere, daran konnte ich mich nur schwer gewöhnen.

Im Juni 1983 bekam Betty ihr drittes Kind, den kleinen Jonas, und es gab für mich als Großmutter wieder Aufgaben. Robert und Katharina liefen oft nachmittags zu mir herüber und blieben bis zum Abend da. Betty brauchte meine Hilfe im Haushalt, und hin und wieder schob ich den Kinderwagen durch Neu-Isenburg. Ich hatte seit einiger Zeit große Probleme mit meinem Rücken und konnte nur mit einem Gehwagen gehen. Jetzt, mit dem Kinderwagen, ging das auch. Er ersetzte den Gehwagen, und das Laufen machte mehr Freude. Ich verband das Angenehme mit dem Nützlichen. Immerhin hatte der Arzt ja verordnet, ich sollte so oft wie nur möglich laufen. Einmal übertrieb ich es ein wenig, lief fast zwei Stunden mit dem Kinderwagen und kam ziemlich erschöpft nach Hause. In dieser Nacht wachte ich plötzlich mit starken Schmerzen in der linken Seite und großer Atemnot auf. Mir war gleich bewusst, dass das nur ein Herzinfarkt sein konnte. Ich dachte zuerst: »Ach, wie gut, nun kommt der Tod so schnell, wie ich es mir immer gewünscht habe, ganz zur rechten Zeit. Ich werde still liegen bleiben und ihn annehmen.« Als die Atemnot aber stärker wurde, brach bei mir der animalische Lebenswille durch, der Lügen straft, was man sich alles vorher so ausgedacht hat.

Im Nachthemd und ohne Zähne kroch ich auf allen vieren ins Wohnzimmer zum Telefon, wählte den Notruf, röchelte meine Adresse und bat um Hilfe. Dann fiel mir ein, dass die Gartentür abgeschlossen war. Ich kroch durch die Wohnungstür zur Haustür, kam auf die Terrasse, rutschte die fünf Stufen in den Garten, kroch zur Gartentür, schloss diese auf und …

Ich erwachte im Notarztwagen, wo einige Personen an mir herumhantierten. Max und Betty saßen neben mir, und ich hatte meine Zähne wieder im Mund. Über mir wohnte ein altes Ehepaar, das mein Röcheln vor meiner Wohnungstür gehört hatte. Erst glaubten sie, da sei ein Mörder, und schlossen sich in ihrer Wohnung ein. Als sie den Krankenwagen kommen hörten, riefen sie Betty an und baten sie, schnell rüberzukommen. Betty rief vorher noch Max an. Da dieser mindestens eine halbe Stunde brauchte, um mit dem

Taxi hier zu sein, muss ich doch schon ziemlich lange im Krankenwagen verarztet worden sein. Ich glaube seitdem keinem Menschen mehr, wenn er sagt, er wolle nicht mehr leben. Später jammerte einmal eine alte Freundin und beklagte sich bitter, dass ihre Tochter, die Ärztin war, ihr keine Todesspritze gäbe. Da sagte ich: »Du darfst doch deine Tochter nicht zu einem Mord zwingen. Wenn du nicht mehr leben willst, dann hör doch einfach auf zu essen.« Da guckte sie mich groß an und sagte: »Nee, das schaff ich nicht. Dazu hab ich immer noch zu großen Hunger.«

Im Krankenhaus erlebte ich einmal, dass die Tür aufging und eine alte Frau im Nachthemd zu mir ins Bett kroch, ohne zu bemerken, dass ich darin lag. Ich musste eine Schwester rufen, um die Frau aus meinem Bett zu entfernen. Da dankte ich Gott nicht nur für die Errettung vom Tod, sondern auch dafür, dass er mich nicht mit Demenz oder Alzheimer bestrafte. Ich kam geheilt wieder nach Hause und wusste nun, dass ich vermutlich doch noch einige Jahre zu leben haben würde. Inzwischen sind es schon zwanzig Jahre geworden.

Dreizehntes Kapitel

Ich schreibe ein Buch

Als ich so hin und her überlegte, was ich mit meinem neu geschenkten Leben nun anfangen wollte, fiel mir die Geschichte eines Chinesen ein.

Als er jung war, wollte er gern einmal berühmt werden. Er dachte, wenn es ihm gelänge, ein Glockenspiel zu machen, würde er berühmt werden. Es gelang ihm nicht. Als er in den mittleren Jahren war, wünschte er sehr heftig, endlich einmal reich zu werden. Er dachte, wenn es ihm gelänge, ein Glockenspiel zu machen, würde er reich werden. Es gelang ihm abermals nicht. Als er ganz alt war, dachte er, eigentlich wollte er nicht sterben, ohne einmal im Leben ein Glockenspiel gemacht zu haben. Er begann mit der Arbeit, und es gelang.

Mir fiel ein, dass ich ja mein ganzes Leben von Kindheit an nur so zum Spaß geschrieben hatte. Ich hatte Gedichte gemacht, Novellen geschrieben, Meditationen aufgezeichnet, Romane angefangen, Erinnerungen festgehalten. Einmal hatte ich auch ein Hörspiel zustande gebracht, was danach keiner verstand, aber nie hatte ich wirklich etwas zu Ende gebracht. Immer war ich durch meine vielen Pflichten und die vielen Kinder abgerufen und gestört worden. Wenn etwas eine Weile liegen geblieben war und ich wieder neu darangehen wollte, gefiel mir das bisher Geschriebene nicht mehr, ich hatte den Faden verloren. Dann warf ich das Papier wieder weg. Nur elf Geschichten, die später veröffentlicht worden sind, habe ich aufgehoben, aber keinem Menschen gezeigt. Ich hatte nie Zeit gefunden, irgendeine Sache nach dem Niederschreiben zu korrigieren und so abzuschreiben, dass sie für einen Verlag verwendbar wurde.

Nun dachte ich, ich wolle doch einmal meine Lebensgeschichte aufschreiben, das Leben einer normalen deutschen Durchschnittsfrau. Immerhin hatte die Emanzipation das Bild der Frau im 20. Jahrhundert völlig verändert. Ich dachte, dass mein Leben ja eigentlich ganz typisch für das von unendlich vielen Frauen unserer Zeit gewesen war. Ich ärgerte mich sehr darüber, dass die regierenden Männer gar nichts begriffen zu haben schienen. Mit unendlicher Mühe hatte man ihnen klarmachen müssen, dass Mütter auch eine Lebensleistung erbringen, für die sie später eine Alterssicherung verdienen. Man hatte es endlich erreicht, den Frauen für jedes Kind, um dessentwillen sie nicht berufstätig sein konnten, eine winzige Rente von 25 DM zuzubilligen. Aber diese großartige Vergütung sollte zunächst den Frauen zugute kommen, die ab 1921 geboren worden waren. Dann sollte jedes Jahr der nächstfrühere Jahrgang bedacht werden. Ich würde also erst in acht Jahren in den Genuss dieser Kinderrente kommen. Dabei war ich doch im Alter all der Trümmerfrauen, die während des Krieges und danach mehr leisteten als die Männer, und das für weniger Geld. Jetzt sollten diese hochmütigen Männer, die immer geglaubt hatten, etwas Besseres zu sein, doch einmal erfahren, dass sie ihre Existenz eigentlich den Durchschnittsfrauen verdankten. Wenn ich so etwas zum Ausdruck bringen könnte, hätte mein Leben doch einen Sinn gehabt.

Sinn

Was ist der Sinn vom Menschenleben?
Dem Leben einen Sinn zu geben.
Sinn geben kannst nur du allein,
er kommt von selbst in nichts hinein.

Ich besorgte mir aus dem Büro meines Schwiegersohnes eine alte mechanische Schreibmaschine, nur einseitig gebrauchtes Altpapier, und dann fing ich an, einfach draufloszutippen, wie mir gerade die Erinnerungen kamen. Nachdem ich etwa fünfzig Seiten geschrieben hatte, besuchte mich eine Freundin von Nella, die Journalistin war. Sie las durch, was ich getippt hatte, und meinte, im Ansatz sei das ja alles ganz gut. Nur mache ich zu lange Sätze, käme manchmal vom Hundertsten ins Tausendste, bliebe nicht bei der Sache, und stilistisch müsse noch viel geändert werden. Sie erbot sich, das Ganze zu lektorieren und noch einmal auf sauberes Papier abzuschreiben. Als ich sah, was sie mir da brachte, war es nicht mehr meine Geschichte. Sie hatte inhaltlich Ähnliches, aber in einem ganz anderen Stil geschrieben. Ich erkannte mich selbst nicht mehr darin. Ich dankte ihr, warf meine alten fünfzig Seiten fort, aber auch ihre Seiten, und begann noch einmal ganz von vorn, wobei ich ihre Kritik beherzigte.

Ich hatte viel aus der Kritik der Journalistin gelernt und habe von da an alles, was ich schrieb, immer wieder gründlich daraufhin überprüft, ob ich nicht in meine alten Fehler verfallen war. Heute hat man Computer, mit denen es leicht ist, Sätze und Wörter zu entfernen, neue einzufügen, Absätze und Kapitel auszutauschen und so weiter. Mit meiner mechanischen Schreibmaschine musste ich jede einzelne Seite zehn- bis zwanzigmal tippen, weil ich so vieles verbesserungswürdig fand. Später kaufte ich mir einen Kopierer, damit ich immer mehrere Exemplare einer Seite hatte, aus denen ich Sätze oder Absätze herausschneiden und auf andere Seiten kleben konnte. Dann brauchte ich nicht so viel zu tippen.

1985 hatte ich das erste, 650 Seiten lange Manuskript abgeschlossen und sauber abgeschrieben. Es waren Memoiren und kein Roman. Ich hatte alles ganz genau so erzählt, wie es gewesen war, und alle Menschen und Orte beim richtigen Namen genannt. Während des Schreibens hatte ich ganz vergessen, dass dies alles vielleicht einmal gedruckt werden könnte. Je mehr aus meinem Leben ich darin offenbart hatte, desto unmöglicher war es mir erschienen, dass dies fremde Leute lesen sollten. Ich dachte beim Schreiben eher an meine Kinder und Enkel und was sie daraus lernen und erfahren sollten. Weihnachten 1985 schenkte ich die Memoiren meinen vier Töchtern und ließ es dabei bewenden. Ich war glücklich, doch einmal etwas Fertiges zustande gebracht und abgeschlossen zu haben.

Wenig später rief mich der Kulturredakteur des Hessischen Rundfunks, bei dem meine Tochter Susi arbeitete, an. Er sei ja völlig überrascht, dass eine alte Frau, die noch nie etwas veröffentlicht habe, auf Anhieb so ein gutes Buch geschrieben habe. Das müsse doch publiziert werden. Es sei doch ein wichtiges Zeitdokument. Susi habe ihm gesagt, ich wolle gar nicht veröffentlichen, weil mein Privatleben ja eigentlich niemanden etwas anginge, aber dieses Buch ginge doch viele Menschen an. Ich solle mich hinsetzen, es noch einmal in Romanform schreiben, Namen und Ortsnamen verändern und alles weglassen, was zu privat sei. Ich war froh, noch einmal eine Aufgabe zu haben, kürzte das Manuskript von 650 auf 500 Seiten, änderte alle Personen und Ortsnamen, strich ganze Episoden, verbesserte bei der Gelegenheit noch einmal den Stil. Nun war es ein Roman geworden und sollte heißen ›Eine Frau Jahrgang 13‹. Jeder sollte wissen, dass es sich um das Schicksal einer deutschen Durchschnittsfrau handelte und dass es kein Buch war, das über ein außerordentliches Schicksal berichtete.

Da ich in der Stadtbücherei einem Lesering angehörte, in dem gelegentlich Mitglieder eigene Werke zur Begutachtung vortrugen, lud ich Lektoren einiger Verlage zu einer ersten Leseprobe ein. Der Erfolg war, dass eine Lektorin vom Herder-Verlag sich für das Buch interessierte, von mir aber verlangte, dass ich es nocheinmal sehr stark kürzte. Sie gab mir auch Ratschläge, was und wo ich streichen könne. Ich setzte mich also nochmal dran, kürzte das Buch, diesmal auf nur noch 350 Seiten. Nun war es wirklich zu einem »Roman« geworden. Ende 1986 lag es in der heutigen Form vor. Es hieß jetzt ›Eine Frau Jahrgang 13. Roman einer unfreiwilligen Emanzipation‹. Ich schickte es an die Lektorin und war sicher, der Verlag würde das Buch annehmen. Zu meiner großen Enttäuschung schrieb mir dieselbe Lektorin einen seltsamen Brief, das Buch tauge nichts und die Geschäftsführung lehne ab, es zu drucken. Nun wurde ich trotzig und wollte es wissen. Ich kopierte den Roman neunmal, kaufte mir ein Adressbuch deutschsprachiger Verlage und schickte den Roman an neun Verlage. Erst im Juni 1987 waren alle neun Manuskripte wieder bei mir gelandet. Jedem davon hatte der Lektor oder die Lektorin einen ganz persönlichen, freundlichen Brief beigelegt, in welchem alle schrieben, sie selbst hätten das Buch mit großer Freude gelesen. Es habe ihnen viel gegeben, aber sie hätten vergeblich versucht, die Geschäftsleitung davon zu überzeugen, dass dies Buch ein Verkaufserfolg werden könne. Diese hätte gesagt, die Menschen wollten von all dem, was ich darin schilderte, nichts mehr wissen. Die Lektoren selbst aber seien überzeugt davon, dass es doch noch einen Verlag geben würde, der den Mut zur Veröffentlichung fände. Ich solle es anderswo weiter versuchen.

Ich wollte schon aufgeben. Max las die Absagebriefe und sagte: »Jetzt schickst du diese neun Manuskripte noch einmal an neun weitere Verlage. Da legst du aber jedes Mal diese Absagebriefe bei. Eine bessere Reklame für dein Buch kannst du gar nicht haben. Jetzt werden es auch die Geschäftsführer selbst lesen.« Ich befolgte diesen Rat und wartete wieder sechs Monate. Keine Nachricht, von keinem Verlag. Nun war es eigentlich zu spät für die Hoffnung, dass das Buch noch 1988 erscheinen könne. Dieser Termin war so wichtig, weil in dem Jahr mein Jahrgang fünfundsiebzig Jahre alt wurde und man dies Buch als Geburtstagsgeschenk kaufen würde, auch ohne es zu kennen. Ich hatte innerlich schon aufgegeben, da riefen am 25. November 1987, es war der Geburtstag von Max, fünf Verlage hintereinander an. Drei große renommierte Verlage waren darunter, ein kleinerer und ein alter christlicher Verlag, der schon seit hundertfünfzig Jahren hauptsächlich theologische Schriften und Bücher, selten Romane verbreitet hatte, der Quell Verlag. Ich sprach mit allen fünf Lektorinnen, und am Ende des Tages entschied ich mich für den Quell Verlag, weil er der einzige war, der mir am Telefon schon jetzt fest zusagen konnte, das Buch im Jahr 1988 herauszubringen. Alle anderen Lektoren hatten diesen Aspekt noch nicht bedacht, wollten erst mit ihrer Geschäftsführung sprechen und konnten nur für das Jahr 1989 fest zusagen. Das war mir zu riskant. Ich sagte noch am selben Abend dem Quell Verlag zu.

Vierzehntes Kapitel

Erstes Honorar und erste Reaktionen

Da die Lektorin mich gebeten hatte, möglichst bald nach Stuttgart zu kommen, um den Vertrag abzuschließen, setzte ich mich nach einigen Tagen in die Bahn. Ich muss wohl so einen strahlend vergnügten Eindruck gemacht haben, dass ein Mitreisender mich ansprach und wir ins Gespräch kamen. Meinen Töchtern passiert das nie, aber ich bin in der Eisenbahn oft zum Reden aufgelegt und steige nach einer längeren Fahrt selten aus, ohne dass sich inzwischen das ganze Abteil unterhält. Der Herr kriegte natürlich sofort den Grund meiner Vergnüglichkeit heraus. Erstmals konnte ich mich als eine »Schriftstellerin« darstellen. Ich erzählte ihm die Geschichte von der vergeblichen Verlagssuche und nannte den Titel des Buches. Er nahm regen Anteil daran und verabschiedete sich mit den Worten: »Wenn ich diesen Titel mal in einer Buchhandlung sehe, werde ich Ihnen schreiben.« Eine Adresse gab ich ihm aber nicht. Zwei Jahre später erhielt ich einen langen Brief, den ich für einen normalen Leserbrief hielt, aber ich wurde darin an diese Bahnfahrt erinnert, und der Herr erzählte, dass er die Sache erst vergessen hätte, dann aber in einem Buchladen dieses Buch entdeckt und sofort gekauft habe. Natürlich spendete er Lob.

Im Quell-Verlagshaus wurde ich mit großen Ehren empfangen. Als ich den Flur entlangging, öffneten sich überall Türen, und neugierige Gesichter blickten mich an. Später sagte man mir, alle wären neugierig auf die künftige Bestsellerautorin gewesen. Es war mir nicht bewusst gewesen, dass es auch für den Quell Verlag ein ganz seltenes Ereignis war, eine neue literarische Entdeckung gemacht zu haben. Nach den vielen Absagen war mein Selbstbewusstsein auf null gesunken. Im Verhandlungszimmer wurde ich zunächst bewirtet, dann versammelten sich einige Herren und Damen, erklärten mir dies und das und legten mir schließlich einen Vertrag vor, den ich unbesehen unterschrieb. Ich dachte, ein christlicher Verlag wird mich schon nicht betrügen. Ich hatte ja auch keine Ahnung, welche Ansprüche ein Autor überhaupt zu stellen hatte. Mir war das Wichtigste, dass das Buch im Oktober 1988 zur Buchmesse erschien und viele es kauften, um ihren fünfundsiebzigjährigen Großmüttern ein Weihnachts- oder Geburtstagsgeschenk zu machen.

Von Stolz geschwellt und fast eitel geworden von so viel Lob kehrte ich nach Hause zurück. Kurz vor Weihnachten traf das erste Voraushonorar ein. Eine so große Summe hatte ich noch nie auf meinem Konto gehabt. Das musste gefeiert werden. Ich beschloss, am 25. Dezember alle Kinder mit ihren Partnern, die Enkel und die Witwe meines Mannes zu einem Festessen in ein Restaurant einzuladen. Wir wollten eine Vorbestellung machen, aber es stellte sich heraus, dass die angerufenen Gaststätten ihren Angestellten am 25. Dezember freigaben. Eine Tochter wurde nun als Kundschafterin losgeschickt, um ein Restaurant zu suchen, das am ersten Feiertag vielleicht doch nicht geschlossen hatte. Sie kam mit der Nachricht zurück, in Höchst habe sie ein italienisches Restaurant gefunden, das offen habe. Sie habe dort schon Probe gegessen, und es sei vorzüglich gewesen. Wir bestellten also vierzehn Plätze.

Als wir uns in dem Restaurant trafen, hatten wir alle eine lange Anreise hinter uns, denn Höchst liegt am entgegengesetzten Ende Frankfurts. Alle hatten auch Mühe gehabt, das Restaurant zu finden. Wir nahmen in einer Nische an einer langen Tafel dicht gedrängt Platz und studierten die Speisekarte. Es gab zwei Angebote, einmal *»Gänsenbraten«* und einmal *»Hirschebraten«* mit Kartoffeln und Salat. Also bestellte die Hälfte von uns »Gänsenbraten«, die andere Hälfte »Hirschebraten«. Als sie serviert wurden, sahen beide Braten ziemlich gleich aus, und als wir anfangen wollten zu essen, stellte sich heraus, dass der »Gänsen« ein alter Schwan gewesen sein musste und der »Hirsche« ein Greis. Der Witwe meines Mannes und mir zersprangen fast die künstlichen Gebisse bei dem vergeblichen Versuch, die Fleischstücke zu zerkauen, und auch alle anderen mussten die harten Stücke unzerkaut wieder ausspucken. Die Kartoffeln waren glitschig, aber am schlimmsten war die Maggisoße, in der beide Braten schwammen. Sie schmeckte nur nach Maggi und hatte keinen Gans- oder Hirschgeschmack. Der Salat bestand aus Blättern, die mit etwas Essig übergossen waren. Nach vielen vergeblichen Versuchen, die köstlichen Festtagsgerichte zu zermalmen, und großem Gelächter zahlte ich. Das Essen kostete pro Kopf 37,50 DM. Mit Trinkgeld und Getränken waren es dann ca. 600 DM. Wir trafen uns zu Hause in meiner Wohnung wieder, wo sich alle erst einmal über den Kühlschrank hermachten, um endlich satt zu werden. Das hatte ich nun von meiner Angeberei, das erste Mal im Leben in einem Restaurant selber bezahlen und alle einladen zu können. Über den Gänsen- und Hirschebraten lachen wir noch heute.

Im Juni 1988 besuchten mich mehrere Fotografen, um für die Werbung für mein Buch Fotos von mir zu machen. Es gab seit zwanzig Jahren kein Foto mehr von mir. Alle behandelten mich, als sei ich bereits eine Bestsellerautorin. Dabei wusste man ja noch gar nicht, ob das, was ich geschrieben hatte, von den Lesern angenommen werden würde. Ich hatte noch so meine Bedenken und war hin- und hergerissen zwischen plötzlicher Eitelkeit und Angst. Im Juli erhielt ich die ersten gedruckten Exemplare meines Buches. Ich dachte, ich müsse doch, trotz aller inzwischen eingetretenen Fremdheit, meinem Bruder und meiner Schwester das Buch schicken. Auch drei anderen Verwandten schickte ich es zur Kenntnisnahme. Von den Verwandten kamen aufmunternde Worte und ein großes Erstaunen, dass die »doofe« Agnes ein Buch geschrieben hatte. Mein Bruder, der ja zu meinem größten Entsetzen immer noch Nazi war, schrieb, ich sei unbelehrbar und geschichtlich völlig fehlinformiert. Er schäme sich jetzt, ein Grisebach zu sein. Meine Schwester muss sich beleidigt gefühlt haben, denn ihr Brief war kurz und knapp. »Ich habe dein Buch gelesen. Das ist ja ganz interessant. Ich habe aber übrigens sehr nette Flüchtlinge kennen gelernt …« Dann kamen noch ein paar gleichgültige Sätze, die ich vergessen habe. Mein Schwager, der Pfarrer Helmut Regen, schrieb (es war der erste Brief seit seiner Heirat mit Annemarie), er sei überrascht, dass ich noch so genau gewusst hätte, was er mir auf meine Briefe damals, als ich nach Gott suchte, geantwortet habe. Ganz genau so würde er auch heute noch schreiben. Das freute mich sehr, denn ich hatte seinen Brief nur aus dem Gedächtnis zitiert und nicht aufbewahrt. Mir wurde wieder einmal bewusst, dass die platonische Liebe zu diesem Mann die stärkste Liebe meines Lebens gewesen war.

Anfang September, es war gerade mein fünfundsiebzigster Geburtstag, wurde ich zu einem Treffen aller Cousins und Cousinen mütterlicherseits eingeladen. Ich ließ die geplante Geburtstagsfeier schießen und sagte zu. Am Tag vor der Abreise stand ein mit einem Rucksack bepackter Mann Mitte dreißig vor der Tür, der sich als der zweitjüngste Sohn meiner Schwester Annemarie zu erkennen gab. Ich hatte wegen der Mauer die sechs Kinder meiner Schwester nur einmal als kleine Kinder gesehen. Diese Begegnung war für mich ganz erschütternd, denn mir wurde beim Anblick dieses vertrauten Gesichtes, das beiden Eltern glich, ganz warm ums Herz. Wieder wurde mir bewusst, dass ich meine Schwester immer geliebt hatte, ihr ähnlich war und dass wir beide keine Schuld an den lebenslangen Missverständnissen trugen. In ihrer Haut, mit ihren so anderen Lebenserfahrungen und dem von einer anderen Umwelt geprägten Verstand, wäre ich, was das Emotionale betrifft, sehr ähnlich geworden wie sie. Nur unser Bewusstsein hatte aus seinen Erlebnissen andere Schlüsse gezogen. Mein Neffe gehörte zu den ersten Personen, die man bereits 1988 in den Westen einreisen ließ. Ich nahm ihn mit zu dem Familientreffen nach Süddeutschland. Verwandte holten uns beide ab. Sie hatten mein Buch schon gelesen. Auch ihr Lob hielt sich in Grenzen. Es ist wohl so, dass Verwandte von Autoren immer ein bisschen beleidigt sind, weil sie die Dinge aus ihrer Sicht und von ihrem »Standpunkt« aus anders sehen, weil sie von der Geschichte auch emotional betroffen sind. Die Lübecker verzeihen Thomas Mann noch heute nicht die ›Buddenbrooks‹.

Auf diesem Fest erschienen Annemarie und mein Schwager nicht. Ich weiß nicht, ob die Gründe für ihre Absage der Wahrheit entsprachen oder ob Annemarie nicht doch beleidigt war durch mein Buch. Mein Bruder war aber da. Am zweiten Tag unseres Familientreffens war mein Geburtstag. Eigentlich hätte jeder das Datum kennen müssen, wurde ich doch fünfundsiebzig und hatte einen gleichaltrigen Vetter, dessen Ehrentag wenige Tage zuvor groß gefeiert worden war. Mein Geburtstag blieb völlig unbeachtet, niemand gratulierte mir. Es gab nur wenige, die mein Buch schon gelesen hatten. Wir sprachen viel von den schrecklichen letzten Lebenstagen der Großmama. Eine Schwiegertochter von ihr las einen Brief vor, den meine Großmama am Heiligabend 1945 geschrieben hatte. Sie bedankte sich dabei für ein herrliches Paket, für den lang ersehnten Kaffee und die herrlichen anderen Dinge, die sie von der Schwiegertochter erhalten hätte. Agnes habe ja aus begreiflichen Gründen den Heiligen Abend im großen Zimmer unten mit dem großen Weihnachtsbaum feiern müssen. Sie sei allein in ihrem kalten Kämmerchen gewesen. In Wahrheit war es so gewesen, wie ich in meinem Buch geschrieben hatte, dass wir nur einen Tannenzweig als Weihnachtsbaumersatz gehabt hatten, dass überhaupt nur ein Paket gekommen war (sie trafen ja alle erst im Januar ein) und dass ich mit den Kindern nur in ihrem kleinen Zimmer gemeinsam mit ihr gefeiert hatte. Dieses eine Paket hatte dann viel Zeitungspapier enthalten und einen Kunststoffbecher. Auf einem von einer Sekretärin getippten Brief hatte gestanden: »Mutter, freue dich, wir produzieren wieder!« Sie hatte damals den Kunststoffbecher ins Feuer geworfen, und wir hatten uns eingeredet, das eigentliche Weihnachtsgeschenk seien ja diese ersten Zeitungen aus dem Westen gewesen, die wir zu Gesicht bekommen hatten. Ich nehme an, die Großmama hat diesen Dankesbrief schon vor dem Heiligabend geschrieben, weil sie das Paket schon eine Woche lang befingert und sich darauf gefreut hatte. Sie war der festen Überzeugung gewesen, es wäre Kaffee darin, und die Enttäuschung, dass dem nicht so war, hatte sie am Heiligabend zum Heulen gebracht. Nun wurde dieser Brief im Familienkreise von der Schwiegertochter vorgelesen, die sich damit brüstete, als Einzige an die Großmutter gedacht zu haben, und nun nachträglich wohl selbst überzeugt war, sie habe ihr Kaffee geschickt. Ich stand als Lügnerin da, weil ich die Geschichte, wie sie wirklich war, ja in meinem Buch beschrieben hatte. Ich ging stumm fort in mein Hotelzimmer und wäre am liebsten abgereist. Es war ein schrecklicher fünfundsiebzigster Geburtstag.

Fünfzehntes Kapitel

Mein Buch kommt in den Handel, ein neues wird geschrieben, erste Lesereisen

Im August und September 1988 erhielt ich vom Quell Verlag schon die gute Nachricht, dass mein Buch in den Buchhandlungen viel bestellt wurde. Am 8. Oktober war dann der große Tag, an dem es auf der Buchmesse als Neuerscheinung vorgestellt wurde. Der Quell Verlag hatte die Werbetrommel gerührt. Ich musste einmal in einer der Messehallen vorlesen, und danach kamen mehrere Journalisten, um mich zu fotografieren und mich zu interviewen. Das Messegelände und den Messeturm, der damals gerade gebaut wurde, hatte ich bisher noch nie aus der Nähe gesehen. Der Turm sollte damals der höchste in Europa sein. Merkwürdigerweise hatte er von weitem gar nicht so hoch gewirkt, wie er jetzt aus der Nähe aussah. Ich konnte es kaum glauben, dass dieses gigantische Bauwerk entstand, während der alltägliche Messebetrieb mit Tausenden von Menschen, die durch die vielen Gassen liefen, ununterbrochen weiterging. Nur nachts wurde die Baustelle abgesperrt. Das Frankfurter Messegelände ist sehr weiträumig mit vielen großen Messehallen und unzähligen Fußgängerwegen dazwischen, die für Autos gesperrt sind. Tagsüber wimmelte es von früh bis spät von Menschen, nachts wurden die Tore zugesperrt, und die Lastwagen kamen mit der durch Computer genau errechneten Menge von Baumaterial an die Baustelle. Morgens zur bestimmten Zeit war der Turm einige Meter höher, die Lastwagen waren verschwunden, die Wege wurden sauber geharkt, kein Stein blieb liegen, und der Betrieb um den Turm ging weiter. Die Technik, nie mehr Material an den Arbeitsplatz heranzuschaffen, als man in einer bestimmten Zeit verarbeiten kann und muss, hatte ich schon in meinen beiden Fabriken bewundert. Außerordentlich organisatorisch begabte Köpfe gehören dazu, um so etwas zustande zu bringen.

Ich habe es auch sehr bewundert, als eine Untergrundbahn von Frankfurt nach Sachsenhausen unter dem Main hindurch gebaut wurde, ohne dass der Schiffsverkehr auf dem Fluss auch nur einen Tag stillgelegt worden wäre. Man hatte das Wasser am Grund zu Eis gefrieren lassen und unter dem Eis den Tunnel gebaut. Niemals hatte ich irgendwo Baumaterial oder Schutt herumliegen sehen. Der Verkehr auf den Straßen war auch ungehindert weitergelaufen. Wenn ich an diese Leistung der Ingenieure dachte, kam mir meine Leistung, ein Buch geschrieben zu haben, ziemlich lächerlich vor. Dass mein Buch bis Weihnachten 44 000-mal verkauft wurde, empfand ich als normal, weil ja erheblich mehr Frauen in diesem Jahr 1988 fünfundsiebzig Jahre alt wurden und viele Kinder und Enkel ihnen das Buch ungelesen schenkten. Die Kritiken begnügten sich meistenteils mit der Ankündigung und dem Abschreiben des Klappentextes. Das war ein Zeichen dafür, dass die richtigen Literaturkritiker dieses Buch überhaupt nicht lasen, weil es vom Quell Verlag kam. Dieser Verlag war zwar schon hundertfünfzig Jahre alt, aber bekannt dafür, religiöse Sachbücher und Ratgeber zu drucken und nur selten Romane zu veröffentlichen. Ein sehr bekannter Kritiker, der eine lange und gute Kritik geschrieben hatte, schrieb mir persönlich einen Brief. Er erzählte mir, aus der Fülle von Büchern, die jedes Jahr zur Messe auf seinen Schreibtisch kämen, suche er nur die heraus, die von literarisch renommierten Verlagen geschickt würden. Die übrigen gebe er seiner Hauswirtin zu lesen, die Freude daran habe. Diesmal aber sei sie begeistert zu ihm gekommen, habe ihm mein Buch gezeigt und gesagt: »Das müssen Sie aber wirklich lesen, Herr Doktor.« Das habe er dann getan und sei doch sehr überrascht gewesen. Alle anderen Kritiker hatten keine derartige Hauswirtin, und so blieb mein Buch von ihnen relativ unbeachtet.

Von dem Tag an, als das Buch erschien, bekam ich aber täglich Leserbriefe. Der Inhalt war in der Regel immer der gleiche. Die Leser bedankten sich, denn sie hatten eine ähnliche Entwicklung und ähnliche Erlebnisse hinter sich und freuten sich darüber, dass jemand mal von einem Schicksal erzählte, das dem ihren glich. Von einigen Leserinnen erhielt ich Weihnachten 1988 sogar Pakete mit Keksen, weil sie wohl dachten, ich hungerte immer noch. Im Laufe des Jahres 1989 erhielt ich auch viele Briefe von mir bisher unbekannten Verwandten aus der Linie meines Vaters. Die Verwandten aus der väterlichen Linie waren meist Nachkommen der an adlige Witwer verheirateten sieben Schwestern meiner väterlichen Großmutter, die ich nie kennen gelernt hatte. Es kam vor, dass ich bei einer Lesung in irgendeiner kleineren Stadt in Hessen vom Veranstalter angesprochen wurde, da wäre ein Herr Baron Soundso, der behaupte, mit mir verwandt zu sein. Das waren dann lustige Begegnungen mit wildfremden Verwandten, die mir zum Teil erheblich ähnlicher waren als die mir bisher bekannte Verwandtschaft meiner verstorbenen Mutter. Unter der war ich immer ein bisschen wie ein Kuckuck im fremden Nest gewesen. Bei diesen neuen Verwandten spürte ich gleich, dass ich zu ihnen gehörte. Alle sagten, wenn sie geahnt hätten, dass ich in Heidelberg oder in Frankfurt wohnte und dass es mich überhaupt gab, dann hätten sie mich nicht so ohne jede Hilfe allein gelassen. Warum ich mich denn nie gemeldet hätte? Nun, ich wusste ja von ihnen auch nichts.

Anfang des Jahres 1988 hatte die Lektorin vom Quell Verlag zu mir gesagt: »Ich möchte Sie bitten, gleich mit der Fortsetzung vom ›Jahrgang 13‹ anzufangen, die wir dann im Jahr 1989 herausgeben können. Ich weiß, dass viele Leser sehr neugierig darauf sein werden, wie es nachher im Westen weiterging.« Ich antwortete: »Der ›Jahrgang 13‹ berichtet über eine Zeit, deren Ende jetzt dreißig Jahre zurückliegt. Aber das, was vor dreißig Jahren angefangen hat, ist für mich innerlich noch nicht ganz verarbeitet. Ich kann darüber nicht schreiben wie über etwas Abgeschlossenes. Ich habe genau gewusst, warum ich mein erstes Buch mit der Flucht in den Westen beendete. Was danach kommt, würde eine Geschichte ohne Aussage, die eigentlich eine langweilige Zeit beschreibt. Ich hab ja die ganze Zeit nur in zwei Fabriken gearbeitet. Da war ein Tag wie der andere. Dies Buch könnte ich nur mit meinem Tod abschließen.« »Den können Sie sich sparen«, sagte die Lektorin. »Aber erzählen Sie doch, wie es in einer Fabrik zugeht, und von Ihren Kindern und ein bisschen von der Politik in dieser Zeit. Es ist ja nicht nötig, dass es mit einem Knalleffekt endet.« Ich wandte noch einmal ein: »Meine Töchter würden mir verbieten, die Wahrheit über sie als Erwachsene zu schreiben. Es war für sie schon peinlich genug, was ich über ihre Kinderzeit schrieb.« »Nun, dann erfinden Sie eben Charakter und Erlebnisse Ihrer Töchter. Sie haben ja Phantasie genug.«

So machte ich mich dann an die Arbeit und schrieb im Laufe des Jahres 1988 das Buch ›Eine Frau im Westen‹. Wir hatten uns darauf geeinigt, dass es in Briefform verfasst werden sollte, damit durch die Schilderung in der Gegenwart deutlich würde, dass die Autorin diese Phase ihres Lebens noch nicht verarbeitet hat. Die Töchter Judith, Nella, Betty und Susi behielten ihre Namen aus dem ersten Buch und hatten andere Schicksale als meine eigenen vier. Aber viele Erlebnisse, die ich mit ihnen hatte, oder Sätze, die sie gelegentlich aussprachen, nahm ich aus der Wirklichkeit. Ich schrieb das Buch so, als ob es Briefe an meine Freundin Ulla wären, die aber leider schon gestorben war. Ich war wieder glücklich, den ganzen Tag mit dem Schreiben eines Buches beschäftigt zu sein. Dabei fragte ich mich gelegentlich, warum ich in der Fabrik gearbeitet hatte, anstatt mein Talent zu nutzen, Bücher zu schreiben. Die Antwort war, ich hatte nach meiner Flucht aus dem Osten sofort am nächsten Tag damit anfangen müssen, Geld zu verdienen. Beim Schreiben eines Buches hätte es mindestens drei Jahre gedauert, bis das erste Geld eingekommen wäre. Zudem war ich täglich derartig erschöpft von einer acht- bis neunstündigen Arbeit in der Fabrik und der ebenfalls acht- bis neunstündigen Hausarbeit für eine so große Familie, dass ich gar nicht die Kraft dazu hatte, in den kurzen Nachtstunden auch noch zu schreiben. Ich hab mein Leben lang Ehemänner beneidet, die in ihrem Schreibzimmer sitzen konnten und eine Ehefrau hatten, die die Kinder und alle Welt daran hinderte, ihren Mann zu stören, und die dann mittags leise die Tür öffnete und flüsterte: »Liebling, es ist angerichtet.«

Erst jetzt, im Alter von fünfundsiebzig Jahren, als ich auch meine Großmutterpflichten erfüllt hatte, war endlich für mich die Zeit gekommen, etwas zu tun, das mir Spaß machte.

Sechzehntes Kapitel

Die Wende

Lange Zeit hatte ich mich für Politik oder was sonst in der Welt geschah, wenig interessiert. Auch 1989 war ich noch lange damit beschäftigt gewesen, das Buch ›Eine Frau im Westen‹ fertig zu schreiben, das zur Messe im Oktober erscheinen sollte. Es war mir allerdings ins Bewusstsein gedrungen, dass in der UdSSR durch den neuen Präsidenten Gorbatschow plötzlich ein anderer Ton herrschte. Offensichtlich dämmerte dort eine Ahnung vom Scheitern des Kommunismus und davon, dass der Kalte Krieg verloren war. Dieser Gorbatschow wagte es erstmalig, die Überlegenheit des Westens anzuerkennen. Gorbatschow und seine elegante Frau Raissa waren eine erstaunlich neue Art russisches Präsidentenehepaar. Wenn ich mir daneben den ungeschlachten Chruschtschow mit seiner dicken bäuerischen Frau neben Kennedy und seiner eleganten Frau Jacqueline vorstellte, so waren die beiden Ehepaare ein so unvereinbarer Gegensatz, dass man im Westen darüber lachen musste und diese Begegnung oft karikiert hat. Gorbatschow und Raissa hätten mit John und Jacqueline bei einem Dinner nebeneinander sitzen können, ohne dass ein starker Gegensatz zwischen ihnen spürbar geworden wäre.

Gorbatschow weckte in der Bundesrepublik große Hoffnungen. Seine Bücher fanden reißenden Absatz. Man hatte das Gefühl, dass im Osten auch politisch die Sonne aufging. In der DDR war die Regierung in größten Gewissenszweifeln. Sie war von Stalin erzogen, der Gorbatschow ohne weiteres hingerichtet hätte. Aber jetzt war dieser russischer Präsident. In der DDR mehrten sich die Versuche, in die Bundesrepublik zu fliehen, weil man im Falle eines Endes des Kalten Kriegs auf der Siegerseite sein wollte. Man hörte von abenteuerlichsten Fluchtversuchen. Einige bauten in Berlin Tunnel unter der Mauer, andere suchten Fluchtwege über weniger bewachte Grenzzäune. Am eindrucksvollsten für mich war die Flucht von zwei Ehepaaren mit je zwei Kindern, die sich in jahrelanger Arbeit einen riesigen Luftballon genäht hatten, mit dem sie zu acht in der Gondel tatsächlich einen Ort in der Bundesrepublik erreichten. Neunhundertfünfzig Menschen sind vom 13. August 1961, dem Tag des Mauerbaus, bis zum 9. November 1989 an den Grenzen der DDR erschossen worden. Viele, viele kamen für lange Jahre nach Bautzen oder in andere Gefängnisse, ihnen wurden die Kinder weggenommen und zur Adoption freigegeben. Für mich wäre das fast schlimmer gewesen, als erschossen zu werden. Ich dankte Gott, dass ich schon im November 1951 floh, als die Gefahr für mich noch nicht so groß war. Ob ich das auch später noch mit vier Kindern gewagt hätte, weiß ich nicht. Man hörte auch viele Geschichten von westdeutschen Fluchthelfern, die für viel Geld Flüchtlinge über die Grenzen zu bringen versprachen, das Geld auch kassierten, die Flüchtlinge dann aber hilflos ihrem Schicksal überließen.

Wenn DDR-Bewohner Urlaub machen wollten, fuhren sie oft nach Ungarn oder Bulgarien, mit deren Regierungen die DDR-Regierung befreundet war. Im Sommer 1989 hatten sich besonders viele Sommergäste aus der DDR an den ungarischen Grenzen zusammengefunden. Da waren einige Beherzte ohne Gepäck einfach über den bewachten Grenzzaun gesprungen, und man hatte sie nicht gefangen genommen. Dieses Beispiel machte Schule. Das Gerücht, über Ungarn könne man ungehindert die DDR verlassen, verbreitete sich. In Windeseile standen plötzlich Tausende von Menschen ohne Gepäck in Sommerkleidung vor den Zäunen und begannen hinüberzuklettern. Ich sehe noch das Bild im Fernsehen vor mir, wo drängelnde Menschen in großer Eile große und kleine Kinder über den Zaun warfen, sich dann gegenseitig auf die Schultern stiegen und hinübersprangen. In Ungarn und der Tschechoslowakei liefen sie in westdeutsche Botschaften und hofften, dass man sie nach Westdeutschland reisen lassen würde. Da gelang es dem diplomatischen Geschick des Außenministers Genscher, dass viele Züge mit Ausreisewilligen in die BRD fahren durften und die Ungarn den Flüchtlingen am Zaun die Tore öffneten. In diesem Sommer hatten einige Gemeindemitglieder einer Kirche in Leipzig die Idee, mit Kerzen in den Händen ohne Plakate montags abends Schweigedemonstrationen zu veranstalten. Sie bemühten sich dabei, keinerlei Verbote zu übertreten, keine Waffen zu tragen und auf keinen Rasen zu treten. Kerzen in den Händen zu halten war ja nicht verboten. Ganz friedliche kirchliche Prozessionen waren auch nicht verboten, wenn auch nur unter Zähneknirschen geduldet. Diese Montagsumzüge fanden immer mehr Anhänger und Nachahmer, und am 4. November 1989 gab es eine Riesenkundgebung auf dem Berliner Alexanderplatz, wo erstmalig Oppositionelle öffentliche

Reden hielten und ihre Meinung sagten. Die Masse schrie: »Wir sind das Volk!«

Es hat mich geradezu erschüttert, als der Stasichef Mielke (der in den zwanziger Jahren als dummer junger Kommunist einen reichsdeutschen Polizisten erschossen hatte) bei einer anderen Versammlung Widerspruch erhob und sein Handeln mit den hilflosen Worten zu erklären suchte: »Ich liebe euch doch alle!« Er erntete ein nicht enden wollendes Gelächter, und man fragte sich, wie ein so kindischer Mann eine so furchtbare Macht hatte ausüben können.

Als am 7. Oktober 1989 der vierzigste Jahrestag der DDR in Berlin gefeiert werden sollte, wurde er mit dem gleichen Pomp wie immer begangen. Massen zogen Hammer- und Sichelfahnen schwenkend mit unzähligen Musikkapellen durch Berlins Straßen, aber als sie an der Tribüne mit den Machthabern, an Honecker und seiner Gefolgschaft neben Gorbatschow vorbeimarschierten, riefen alle: »Gorbi, Gorbi ...« Honecker lächelte verkrampft und winkte, als ob die Huldigung ihm gelten würde.

Der 9. November war der Tag, an dem im Jahre 1918 die Revolution im Deutschen Reich stattgefunden hatte. Es war auch der Tag, an dem im Jahr 1938 angeordnet wurde, die jüdischen Geschäfte zu zerschlagen, gegen jüdische Menschen Gewalt anzuwenden, und an dem die so genannte Kristallnacht begann. Wegen dieser Gedenktage saß ich vorm Fernseher, als sich plötzlich die Mauer in Berlin öffnete und erst einzelne, nach Sekunden schon mehrere, nach zehn Minuten Massen von Fußgängern und nach einer Viertelstunde schon ein Trabbi und ein Wartburg nach dem anderen nach Westberlin hereinströmten. Ich saß zitternd vor Aufregung in meinem Fernsehsessel, weil ich jeden Augenblick erwartete, dass jetzt eine entsetzliche Schießerei anfangen würde und alle diese Menschen vor den Augen der ganzen Welt erschossen würden. Aber nichts geschah. Immer mehr Menschen, immer mehr Autos drängten nach Berlin herein. Max eilte, wie er ging und stand, zum Bahnhof in Frankfurt und fuhr nach Berlin. Ich hätte ihn mit anderen jungen Männern am Morgen auf der Mauer sitzen sehen können, wenn ich gewusst hätte, dass er dort war. Meine Töchter riefen mich alle an, um mir die Sensation mitzuteilen, aber ich sah es ja schon und schluchzte und weinte bereits vor Erschütterung und Freude. Auf den Straßen in Berlin versammelten sich auch in kürzester Zeit viele Menschen, um unsere Brüder und Schwestern jubelnd zu begrüßen. Man sah einige alte Mütterchen mit ihren Sparbüchsen in den Händen, die jedem Trabbifahrer ein Fünfmarkstück in die Hand drückten. Auch andere brachten Begrüßungsgeschenke. Ich sah, wie sich Angehörige, die lange getrennt gewesen waren, um den Hals fielen und weinten, ich sah bislang getrennte Liebespaare, die sich schluchzend umarmten. Ich glaube, einen so großen, so aufrichtigen Jubel von Millionen von Menschen hat es in der Geschichte noch nie gegeben. Sowohl in der Bundesrepublik als auch in der DDR reisten Hunderttausende in der Nacht vom 9. zum 10. November nach Berlin, um dabei zu sein. Für mich war es der erschütterndste Tag meines Lebens.

Später wurde berichtet, dass die Maueröffnung an dem Tag von niemandem geplant und von niemandem befohlen worden war. Es hatte sich um ein telefonisches Missverständnis zwischen untergeordneten Funktionären gehandelt und war im Grunde als ein Wunder zu betrachten. Ich verglich es mit dem biblischen Wunder, als die Israeliten aus Ägypten flohen, die ägyptischen Heere ihnen nachjagten und sich das Schwarze Meer rechts und links zu Mauern türmte, zwischen denen die Israeliten trockenen Fußes hindurchgehen konnten und die dann über den Ägyptern zusammenschlugen. Dass kein Befehl zum Schießen gegeben wurde, war auch ein Wunder und ließ sich nur durch die unerwartete Plötzlichkeit der Ereignisse erklären, bei denen keine Zeit blieb, Befehle von oben abzuwarten. Ein untergeordneter Befehlshaber lässt nicht schießen, bevor er sich durch einen Befehl von oben abgesichert hat.

Bundeskanzler Kohl wurde von dem Ereignis im Ausland überrascht. Er konnte erst am 10. November in Berlin sein. Dort hielt er dann eine unvorbereitete Rede in der ersten Freude und Erschütterung, die ihm später viel Kritik eingetragen hat.

An diesem Weihnachtsfest schrieb ich folgendes Gedicht:

Weihnachten 1989

Es haben die Glocken allnächtlich geklungen.
Sie haben gebetet und haben gesungen,
und immer sind sie bei Nacht nach dem Beten
gemeinsam ins Dunkle hinausgetreten
und haben das Dunkel mit Glauben erhellt.
Erst waren es wenig, dann wurden es mehr,
und endlich war es ein ganzes Heer
von Menschen, die Straßen und Plätze füllten
und all die Lichter in Händen hielten.

Da fingen die Gottlosen an zu beben.
Sie haben Soldaten Befehle gegeben:
Geht auf die Dächer, umzingelt die Meute,
nehmt die Gewehre und schießt auf die Leute.
Es ist ja ein Leichtes, sie zu vernichten,
sie sind ohne Waffen, sie können nicht flüchten.
Die Menge da unten, sie ist in der Falle,
wir geben das Zeichen, dann tötet sie alle!

Da haben die Glocken noch einmal geklungen,
da haben die Engel im Himmel gesungen:
Fürchtet euch nicht, denn Christ ist geboren
und Gottes Feinde sind alle verloren.

Da haben die Kerzen die Stasis geblendet,
sie haben zum Lichte die Hälse gewendet,
sie konnten nicht schießen, sie wurden zu Brüdern,
sie konnten nur Liebe mit Liebe erwidern.

Ein Wunder geschah: Die Grenze ward offen,
und hüben und drüben erwachte das Hoffen!
So, ehe wir heute zum Weihnachtsbaum treten,
da wollen wir danken, da wollen wir beten:
Ehre sei Gott und Friede auf Erden!
Das mög durch das Kind in der Krippe werden!

Meine Töchter mit ihren Familien fuhren sofort nach Ahrenshoop. Sie fanden ein ärmlich aussehendes Dorf, das allerdings noch besser aussah als viele andere Dörfer in Mecklenburg, durch die sie gefahren waren. In diesen hätten sie viele völlig verfallene Häuser gesehen, berichteten sie mir. Die Landstraßen seien überall mit Kopfstein gepflastert gewesen und hätten ihre Autoreifen zerschlissen. Sie fanden auf der Reise keine Tankstellen und Raststätten. Die Kinder und sie hätten im Freien in den Schnee pinkeln müssen, weil die mühsam gefundenen Toiletten einfach unglaublich gestunken hätten. Rostock habe ganz traurig ausgesehen. Sie seien durchgefahren, weil sie in irgendeinem Restaurant essen wollten. Aber weder in Ahrenshoop noch in den Nachbardörfern sei zu dieser Jahreszeit ein Lokal geöffnet gewesen. Einmal hätten sie von weitem eine große Tafel vor einer Haustür gesehen, auf der normalerweise Gastwirte ihre Menüs anbieten. Als sie aber näher kamen, sei die Tür geschlossen gewesen und auf der Tafel sei mit Kreide geschrieben gewesen: »Sie werden bedient.« Daraufhin seien sie dann in Ribnitz eingekehrt. Die Kinder erzählten mir: »Och, da war ja nichts los, es war so kalt, und wir haben am Strand nicht mal Bernsteine gefunden und auch keine Lochsteine.« Sie ahnten nicht, dass man in der DDR die Lochsteine inzwischen Hühnergötter nannte. Überhaupt hat sich die Sprache in den fünfundvierzig Jahren Trennung in beiden Teilen Deutschlands geändert. Meine Töchter wussten gar nicht, dass man Grillhähnchen meinte, wenn man ihnen im Lokal einen Broiler anbot. Die Töchter erzählten, in unserem Haus seien die Fenster mit Brettern zugenagelt gewesen und das Tor zum Garten abgeschlossen. Sie seien rübergeklettert. Das Haus habe von außen gut erhalten ausgesehen, aber sie konnten nirgends durch die Fenster sehen.

Ich hätte es nicht übers Herz gebracht, mit ihnen zu fahren. Für mich war Ahrenshoop gestorben, betrauert und begraben. Ich fürchtete mich entsetzlich davor, »eine

Leiche auszubuddeln«. Im Juli fuhren zwei meiner Töchter und ein Schwiegersohn noch einmal nach Ahrenshoop, um in Ribnitz die Rückübertragung meines Eigentums zu beantragen. Wir erhielten die Nummer 174. Ich glaubte nicht, dass wir das Haus jemals wiederbekommen würden, da es ja verkauft war. Ich nahm mir vor, mir nicht eher Gedanken darüber zu machen, was wir tun würden, wenn wir unsere Heimat zurückbekämen, ehe wir es schwarz auf weiß hätten, dass das Haus wieder uns gehörte.

Am 3. Oktober 1990, es war der Hochzeitstag meiner Eltern und der Hochzeitstag von Annemarie, wurde die Wiedervereinigung besiegelt. Das war für mich ein sehr glücklicher Tag. Ich glaubte zwar nicht, dass alles so reibungslos und schnell gehen würde, wie Kohl das versprochen hatte, war aber doch sehr zuversichtlich.

Siebzehntes Kapitel

Das Klassentreffen

Als ich, nach dem Abschluss der elften Klasse, siebzehnjährig die Schule verließ, hatte ich mich von meinen Klassenkameradinnen nicht verabschiedet. Ich schämte mich entsetzlich, weil ich sitzen geblieben war, und wollte nun so schnell wie möglich in Hinterpommern verschwinden. Nur mit Dorle und ihren Eltern behielt ich schriftlichen Kontakt. Als ich dann 1933 wieder einmal in Berlin war, erkundigte ich mich voll Sorge nach meinen jüdischen ehemaligen Mitschülerinnen und konnte von keiner etwas in Erfahrung bringen. Sie waren alle aus Berlin verschwunden. Während der ganzen schrecklichen Nazizeit kam ich immer mehr zu der Überzeugung, dass man sie gewiss alle umgebracht hatte.

Für die Nazis waren alle Menschen »jüdisch«, die nach ihrer Definition der »semitischen Rasse« angehörten. Wer jüdische Vorfahren hatte, galt als Jude. Bis zu den Großeltern musste man die Taufe der Vorfahren nachweisen. Im letzten Schuljahr waren wir sechsundzwanzig Schülerinnen gewesen, von denen nur elf einen »Ariernachweis« hätten beibringen können. Jüdischen Glaubens war nur eine gewesen, die Beste und Klügste in der Klasse. Die anderen waren alle getauft und hatten zum Teil auch einen arischen Elternteil. Während meiner Schulzeit hatte es im

Berliner Grunewald überhaupt noch keine Rolle gespielt, ob jemand »arisch« oder »jüdisch« war. Hier, wo die reichsten Leute Berlins lebten, hatten wir von den Nazis nur so viel gehört, dass es eine Verbrecherbande von dummen Jungen sei, die an »Großmannssucht« litten und sich aufspielten. In Stubbenhof sah ich das erste Mal ein Foto von diesem Adolf Hitler.

Wenn ich mit meinen Kindern später alte Fotoalben durchblätterte, zeigte ich auf die Bilder meiner Mitschülerinnen und sagte bei jeder, die haben sie wahrscheinlich umgebracht, und die könnte vielleicht noch leben.

Auf der Titelseite meines allerersten, vom Quell Verlag gedruckten Buches prangte ein Bild von mir als Zweiundzwanzigjährige. Auf der Rückseite waren einige Fotos von anderen Mädchen meines Jahrgangs zu sehen. Auch das von einer Mitschülerin. Ich hatte seit 1988 täglich Leserbriefe erhalten, und es gehörte zu meinen neuen Pflichten, alle diese Briefe auch zu beantworten. Es waren meistens einsame Frauen, die mir schrieben, die niemanden hatten, zu dem sie von ihren Erlebnissen reden konnten, und die glücklich darüber waren, dass die Welt nun doch erfuhr, was sie geleistet hatten. »Sie haben mein Leben beschrieben« war ein immer wiederkehrender Satz in diesen Briefen.

Eines Tages erhielt ich zu meiner Überraschung einen Brief aus Tel Aviv. Darin fragte mich eine Frau, ob ich nicht im Grunewald ins Bismarck-Lyzeum gegangen sei und eine Kameradin gehabt hätte, die Gustava Tugendreich hieß. Sie glaube, sie habe mich auf dem Foto des Buches ›Eine Frau Jahrgang 13‹ erkannt. Das Buch habe sie in der Schweiz gefunden, wohin sie sich in den heißen Monaten in Israel flüchtete, und nun gelesen. Sie erzählte, sie sei ja, wie ich wüsste, schon immer Zionistin gewesen und gleich nach dem Abitur 1932 nach Israel ausgewandert. Sie habe dort früh geheiratet und lebe in Tel Aviv, ihr Mann lebe Gott sei Dank noch, der Sohn sei in England. Bis zur Gründung des Staates im Jahr 1948 habe sie an den Kämpfen teilgenommen. Mein Buch hätte viele Erinnerungen geweckt, genau so sei es gewesen, und sie freue sich von Herzen, mich wieder gefunden zu haben. Deutschland habe sie seit 1932 nicht wieder betreten, und ihr Mann wolle das auch nicht.

Natürlich habe auch ich mich unendlich über diesen Brief gefreut und dachte, das wäre nun ein ganz seltener Zufall und ein besonderes Wunder.

Wenige Wochen später bekam ich wieder einen Brief, der fing mit dem Satz an: »Wie kommt mein Bild auf dein Buch?« Als der Quell Verlag ihr Bild aus meinem Album für die Rückseite auswählte, hatte ich mich gar nicht mehr an ihren Namen erinnert. Sie hieß Cäci, hatte einen Grafen geheiratet, aber durch Flucht und Vertreibung allen Besitz verloren und wohnte jetzt in Schönberg an der Ostsee. Dann kam bald wieder ein Brief von einer jüdischen Mitschülerin, die 1932 nach Holland emigriert war, Marianne, genannt Janni. Dann einer von ihrer Zwillingsschwester aus München, Annemarie. Dann schrieb eine jüdische Lotte aus Amerika, eine jüdische Erika aus England, eine jüdische Ilse, auch aus England, eine arische Mary aus Bielefeld, eine jüdische Muschi aus Dänemark, eine jüdische Inge aus Spanien, eine arische Lore aus Berlin und eine halb jüdische Susi aus dem Allgäu, eine arische Ulla aus der DDR und natürlich auch meine alte Freundin Dorle, mit der ich immer in Verbindung geblieben war. Mit mir hatten sich fünfzehn ehemalige Mitschülerinnen durch mein Buch wieder gefunden. Neun davon waren rassisch verfolgt worden, und ich hatte geglaubt, sie seien tot. Von den verbleibenden sechs jüdischen und fünf arischen Schülerinnen wussten einige zu erzählen, dass die arischen eines natürlichen Todes gestorben seien, aber eine auf der Flucht von Russen erschossen worden war. Von den restlichen sechs jüdischen wussten einige, dass eine sich das Leben genommen und die anderen vermutlich im Ausland schon gestorben seien.

Ich war unendlich glücklich darüber, dass mein Buch meine Klasse nach sechzig Jahren wieder zusammengeführt hatte und mir die Sorge genommen worden war, fünfzehn von ihnen könnten ermordet worden sein. Ich wusste von so vielen anderen, die ich auch gekannt hatte, dass sie Opfer Hitlers geworden waren. Unser Jahrgang 13 schien unter einem Glücksstern geboren zu sein.

Von den elf so genannten arischen Schülerinnen hatte keine mit den Nazis sympathisiert, bis auf unsere Jüngste, die kleine Susi, die wir damals für arisch hielten. Obwohl er jünger ist als ich, hat auch Marcel Reich-Ranicki aus seiner Jugendzeit erzählt, dass im Grunewald die Menschen sehr lange immun gegen das Gift der Nazis gewesen seien. Mein Jahrgang hat in der Schule nicht erlebt, dass irgendein Lehrer schon Nazi gewesen wäre. Wenn einer es im Herzen gewesen sein sollte, hätte er das in diesem Umfeld verheimlicht. Im Grunewald lebte zum Beispiel die Familie Bonhoeffer, von der zwei Söhne und zwei Schwiegersöhne von den Nazis ermordet wurden, weil sie Hitlers Ideen ihren christlichen Glauben entgegensetzten. Da wohnte die alte Frau von Dohnanyi, deren Sohn ebenfalls wegen Widerstands hingerichtet wurde und deren Tochter einen Bonhoeffer heiratete. Da gab es den Pastor Niemöller, der im Konzentrationslager war und den Pfarrernotbund gegründet hatte, aus dem dann die Bekennende Kirche hervorging. Mit Bonhoeffers und Dohnanyis war meine Großmutter befreundet gewesen. Annemarie hatte in Niemöllers Kirche Orgel gespielt.

Ich konnte also sicher sein, dass keine der alten Frauen, die sich bei mir gemeldet hatten, mit den Nazis etwas zu schaffen gehabt hatte. So ging ich freudig darauf ein, als Lore aus Berlin uns alle zu einem Klassentreffen in ihr Haus einlud. Alle hatten wir uns sechzig Jahre lang nicht mehr gesehen. Ich war sehr neugierig, ob ich die alten Weiblein alle wieder erkennen würde. Zwei aus England und eine aus Dänemark hatten geschworen, Deutschland nie wieder zu betreten, was man ihnen nicht verdenken konnte. Sie wollten aber in Gedanken bei uns sein, schrieben sie. So waren wir bei diesem ersten Treffen zwölf Frauen, von denen sechs zu den Verfolgten gehört hatten. Lore, eine Ärztin, war die Einzige von uns, die weder durch die Nazis noch durch den Krieg, noch durch die Nachkriegszeit irgendetwas verloren hatte.

Sie wohnte im Grunewald in der Villa ihrer Kindheit mit unzähligen Räumen, die alle noch im Stil der zwanziger oder dreißiger Jahre eingerichtet waren. Es war so viel Platz in dem Haus, dass sie als einzige Bewohnerin niemals gezwungen war, irgendetwas wegzuwerfen. Alles war aufs Sorgsamste aufgehoben und registriert und unversehrt, wie es Lores Eltern hinterlassen hatten. Es ist unglaublich, was sich in neunundsiebzig Jahren in einem Hause ansammelt, in dem nichts weggeworfen wird, was einmal gekauft wurde. Wenn ich dieses Haus geerbt hätte, hätte ich es von oben bis unten leer geräumt, dann die Räume renoviert und bis auf zwei vermietet. In diesen beiden Räumen hätte ich mir eine schmucke, moderne Wohnung eingerichtet, in der ich ohne fremde Hilfe meine alten Tage hätte verbringen können.

Da ich in meinem Leben dreiundzwanzigmal umziehen musste und oft alles, was ich besaß, verlor, staunte ich über dieses Museum von Gebrauchsgegenständen. Ich trenne mich heute noch immer so schnell wie möglich von allem, was ich nicht mehr brauche. Das Haus war so groß wie ein Krankenhaus, aber Lores ständige Versuche, durch Vermietung ihre karge Rente aufzubessern, scheiterten immer irgendwie. Sie nahm stets nur ganz kurzfristig Mieter auf.

Sie hatte sich außerordentlich darüber gefreut, uns alle wieder gefunden zu haben, und uns großzügig eingeladen.

Als ich kam, saßen schon ein paar alte Frauen, die ich alle zunächst nicht erkannte, in einem dunklen Raum. Wir stellten uns einander ziemlich beklommen vor. Immer wieder klingelte es nun, und eine neunundsiebzigjährige Greisin nach der anderen erschien, manche mit Stock, andere unterstützt von einer Tochter, mehr oder weniger humpelnd, blind oder taub. Ich war mit meinem Gehwagen keine Ausnahme. Dann führte uns Lore alle zusammen in ein helleres, großes Speisezimmer, wo wir uns etwas besser sehen konnten. Wir setzten uns an eine weiß gedeckte Tafel, auf der ein kaltes Büfett angerichtet worden war. Lore hatte eine Firma mit der Herstellung und dem Servieren der köstlichen Speisen beauftragt. Wie wir nun so saßen und uns neugierig in die Gesichter sahen (wir hatten alle Brillen und konnten schlecht sehen), dämmerte es uns allen langsam.

»Mensch, du bist ja die ...! Kennst du mich nicht mehr? Ich bin doch ...!«

»Mensch, du drehst ja deinen Kopf noch ganz genau wie früher. Du bist doch ...!«

»Bist du dünn geworden, du warst doch früher so dick!«

»Ach, jetzt erkenn ich dich, so hast nur du gelacht!«

»O Gott, o Gott, wie haben wir uns alle verändert!«

Nach zwei Stunden, in denen wir auch etwas Wein tranken, hatten wir uns nun alle erkannt, und wir begannen, uns in der Wiedersehensfreude zu umarmen. Ein unbeteiligter Beobachter hätte glauben müssen, hier tage eine Versammlung von Backfischen, so laut und mit so viel Gekicher und Gelächter erzählten wir uns unsere Lebensgeschichten und holten alte Erinnerungen hervor. Meine jüngste Tochter Susi, die mich nach Berlin gefahren und hierher begleitet hatte, sagte mir später, sie habe sich in jede meiner alten Mitschülerinnen geradezu verliebt. Sie habe noch nie eine Ansammlung von alten Frauen gesehen, die ihr alle miteinander so sympathisch gewesen seien. Besonders entzückt war sie von ihrer Namensvetterin Susi, unserer Klassenjüngsten. Diese erzählte ihre Lebensgeschichte mit viel Humor und Selbstironie. Ihren Vater hatte sie im Ersten Weltkrieg verloren und war von ihrer Mutter und der Mutter des Vaters aufgezogen worden. Als junges Mädchen verliebte sie sich in einen wunderschönen SA-Mann und trat den Jungmädeln mit Begeisterung bei. Als sie strahlend der Mutter von der Verlobung mit Herrn Schimmel berichtete, wurde diese sehr ernst und eröffnete ihr, sie könne diesen nicht heiraten, da die geliebte Großmutter getaufte Jüdin sei. Auch der Vater sei jüdisch gewesen. Für Susi brach die Welt zusammen. Aus dem fröhlichen, strahlenden, hübschen Mädchen war plötzlich ein Ungeziefer, eine »Kröte« geworden, die zu heiraten sie dem geliebten Mann nicht zumuten konnte. Weinend, aber angeekelt verließ sie der schöne Herr Schimmel, und sie verbrachte die Kriegsjahre als »Kröte« versteckt im Haus der Mutter. Nach dem Krieg wurde sie durch einen Herrn Rappe wieder zur Prinzessin geküsst, wurde aber von diesem nach wenigen glücklichen Jahren geschieden. Zum Schluss heiratete sie dann einen Herrn Schecke, bekam mit ihm zwei Töchter und wurde im Allgäu eine zufriedene, glückliche Frau. »Ich habe immer nur Pferde gehabt«, lachte sie, »und der Schecke war ja wie ich halb und halb.« Ihre Mutter hatte es vor 33 nicht für nötig gehalten, ihr mitzuteilen, dass der im Krieg für Deutschland gefallene Vater jüdischen Blutes war. Er war ja ein Christ. Nach 33 wagte sie dann nicht mehr, die Tochter unnötig zu belasten, in der Hoffnung, sie würde einen vernünftigen Mann finden, dem das gleichgültig war.

Die jüdischen Zwillinge Annemie und Janni hatte ich immer für eineiig gehalten. Jetzt sahen sie infolge eines sehr unterschiedlichen Schicksals sehr verschieden aus. Sie waren die Enkel des für seine herrlichen jüdischen Witze bekannten reichen Bankiers Fürstenberg, bei dem sie mit ihrer ewig kranken Mutter im Grunewald in einem Palast gelebt hatten. Ich hatte sie als sehr bescheidene, witzige und sehr kameradschaftliche junge Mädchen gekannt, aber ihre Freundschaft wegen ihres mir bekannten unermesslichen Reichtums nie gesucht. Jetzt erzählten sie, dass ihre hypochondrische Mutter immer im Bett gelegen habe und dass sie wie ich von wechselnden Gouvernanten erzogen worden seien. Den Vater hätten sie erst später als Erwachsene kennen gelernt, da er nach der Scheidung in Amerika lebte. Ihre einzige Bezugsperson sei der Großvater Fürstenberg gewesen, den sie sehr geliebt hätten. Janni floh 1933 nach Holland, heiratete dort und wurde Mutter und Großmutter einer zahlreichen Nachkommenschaft. Sie wurde ganz zur Holländerin. Annemarie ging zeitweilig nach Frankreich, heiratete dann aber einen Deutschen, mit dem sie während des ganzen Krieges in Berlin lebte, wo sie einen Sohn bekam. Sie war durch ihre Erlebnisse mit den Nazis härter geworden als ihre Zwillingsschwester. Von dem großen Reichtum war für sie beide nach dem Krieg wenig übrig.

Lotte aus Amerika konnte merkwürdigerweise kein Deutsch mehr sprechen. Auch ihre Tochter, die sie mitgebracht hatte, verstand und sprach kein Wort Deutsch. Von ihrer Lebensgeschichte kriegte ich wenig mit, weil ich am meisten mit Gustava beschäftigt war. Wir erneuerten unsere Freundschaft, und seitdem bin ich mit ihr in ständiger brieflicher und telefonischer Verbindung. Durch sie bin ich über die israelische Geschichte informiert. Sie hatte durch ihr hartes Leben in Israel gelernt, Wissen im Kopf nicht nur anzuhäufen, sondern auch eigenständig zu verarbeiten. Ihr Urteil über alles, was in Israel vorgeht, ist immer scharfsinnig und klug. Ich vertraue ihren Angaben blind.

Mary aus Bielefeld hatte schon mit neunzehn Jahren geheiratet und nun bereits erwachsene Urenkel. Sie war die Schönste von uns allen gewesen und sah heute noch phantastisch aus. Bei ihrem Anblick musste ich zuerst an unser

Jungmädchenbuch ›Nesthäkchen im weißen Haar‹ denken. So unberührt von jedem Schicksalsschlag schien sie zu sein. Aber beim näheren Kennenlernen merkte man doch, dass das Leben sie reif gemacht hatte und sie mit Recht zum beliebten Mittelpunkt einer Großfamilie geworden war. Sehr klug und reif war auch die jetzige Gräfin Cäci geworden. Sie lebte sehr einsam und hatte drei Söhne, die sie nur selten sehen konnte. Inge aus Spanien sprach auch nur wenig Deutsch. Ich hatte mich nie besonders für sie interessiert, und ich fand auch bei diesem Treffen keinen Kontakt zu ihr.

Meine erste Freundin Dorle war Ärztin geworden und hatte auch einen Arzt geheiratet. Sie hatte fünf Kinder gehabt, aber ein Junge war als kleines Kind in England gestorben. Ihre Mutter in England hatte sie angerufen, um ihr mitzuteilen, dass der Junge im Sterben liege und sie schnell nach London kommen müsse. Der Arzt verbot ihr, dass sie in das Zimmer des kranken Kindes ging, er wollte nicht, dass sich dieses durch die Wiedersehensfreude aufregte. Sie konnte nur durch ein Fenster zusehen, wie das Kind starb. Das hat sie nie verwunden. Ihre Mutter und ihr jüdischer Stiefvater lebten seit 1938 in England. »Väti«, wie wir ihn nannten, schrieb in London bis zum Kriegsende ein Tagebuch über alle geschichtlichen Ereignisse. Er war durch höchste Kreise immer gut informiert. Ich habe dieses Tagebuch später einmal für Dorle abgetippt und war überrascht, dass man auch in England erst Ende 1942 von der Existenz von Todeslagern erfuhr. Vätis Schwester wurde in einem dieser Lager vergast. Väti bemerkte dazu: »Dann ist sie wenigstens schnell gestorben und nicht langsam zu Tode gemartert worden.«

Ulla hatte in Weimar einen Professor für Ethnologie geheiratet und gehörte dort zum Kreis der Genossen, die sich wegen ihres politischen Bekenntnisses in Ahrenshoop eine Datscha kaufen durften. Sie lud meine Tochter Susi gleich ein, in ihrem Häuschen zu wohnen, bis wir unser Haus wiederhaben würden. Ihr Mann war nun tot. Sie schrieb sehr hübsche Kinderbücher, von denen mir eins über die Insekten besonders gut gefiel. Ich hatte sie schon vor diesem Treffen gleich nach der Wende in Weimar besucht.

Alle diese Frauen erzählten, auf wie seltsame Weise sie mein Buch in die Hände bekommen hätten. Ulla fand es in Helmstedt in einem Bahnhofsbuchladen, Lotte zufällig auf einer Reise in Kanada. Andere wieder bekamen es zu ihrem fünfundsiebzigsten Geburtstag geschenkt und so weiter. Wir gingen an diesem Tag noch zum Brandenburger Tor beziehungsweise demonstrativ durch das Brandenburger Tor hindurch, obwohl wir fast alle gehbehindert waren, und sahen uns auch den Jahrmarkt an, wo man lauter kleine Stückchen vom Beton der inzwischen zertrümmerten Mauer verkaufte. Auf jedem Steinchen stand geschrieben, wo man es abgerissen hatte. Die Teilchen der viele, viele Kilometer langen Mauer liegen heute in Millionen Wohnstuben als Erinnerung an das große Unrecht, ein Volk auseinander zu reißen.

Wir verabredeten ein neues Treffen und haben uns dann auch 1993 bei Annemie in München, 1994 bei Janni in Holland, 1995 bei mir in Neu-Isenburg, 1996 bei Mary in Bielefeld und das letzte Mal 1997 hier bei mir in Ahrenshoop wieder getroffen. Zuletzt waren wir nur noch fünf. Annemie, Janni, Ulla und Susi sind gestorben, und die anderen fühlen sich jetzt zu alt, um noch eine Reise zu machen.

Achtzehntes Kapitel

Es wird heller

Wenn ich mich mit dem Jungen vergleiche, dem der Zauberer Siebenmeilenstiefel schenkte, so war ich wohl jetzt auf meiner Reise um die Welt an dem Punkt angelangt, wo sich der Nebel über dem Ozean allmählich lichtete. Ich sah wieder Land, wenn auch erst von ferne.

Das Amt zur Regelung offener Vermögensfragen hatte mir ein erstes Urteil zugeschickt, demzufolge der DDR-Funktionär G.G. mir mein Haus wieder zurückgeben musste. Judith und Nella waren sofort nach Ahrenshoop gefahren, aber da hatte G.G. schon Widerspruch eingelegt, und wir durften nicht auf unser Grundstück. Nun ja, das hieß: wieder lange warten, aber das waren wir ja gewöhnt. Mir ging es körperlich entschieden besser, und die vielen Lesereisen, bei denen mich immer eine Nachbarin mit ihrem Auto zu dem jeweiligen Ziel fuhr, waren für mich sehr anregend und weckten meine Lebensgeister. Ich war doch seit meiner Flucht in den Westen immer ganz einsam gewesen und hatte nie Gelegenheit gehabt, mich mit belesenen, gebildeten und geistig interessierten Menschen zu unterhalten, wenn man von den vielen jungen Studenten, die in der Jugendzeit meiner Töchter bei uns ein und aus gingen, absieht. Jetzt kam ich immer wieder mit Menschen in Berührung, mit denen ich konzentrierte, gute Gespräche führen konnte. Das Wiedersehen mit meiner alten Schulklasse war schon eine Sensation gewesen. Von den auf den Lesereisen neu entdeckten Verwandten erhielt ich Einladungen und machte dabei erste Erfahrungen mit wirklich »Reichen«. Eine neue, sehr viel jüngere Cousine und ihr Mann veränderten sogar meine bisherige Vorstellung davon, wie reiche Leute lebten. Die Cousine hatte einen wohlhabenden Gutsbesitzer geheiratet und im Jahr 1986 den gewaltigen Besitz eines kinderlosen Onkels geerbt. Dieser Besitz bestand aus riesigen Wäldern, Ländereien, einigen Fabriken und mehreren Schlössern. Der Onkel war Majoratsherr gewesen. Ihr Mann war studierter Agronom und durchaus in der Lage, dieses »Königreich« zu verwalten. Das Ehepaar lebte auf einer schlossähnlichen Burg mit Burgmauer und Graben, auf einem Hügel. Das dazugehörige Dorf lag unten weit abseits, und ohne Auto konnte von dort kein Personal in die Burg transportiert werden. So war meine Cousine darauf angewiesen, selbst zu putzen, zu kochen und die Buchführung zu erledigen. Sie stand um 6 Uhr morgens auf, band sich eine große Schürze um und arbeitete schwer bis zum späten Abend. Nur einmal im Jahr fand sie Zeit, eine Kur in immer demselben Kurbad zu nehmen, um sich zu erholen.

Vor der Burgmauer gab es einen wunderschönen Platz, von dem aus man weit ins Land schauen konnte. Trotz ihrer Arbeitsüberlastung machte sie sich mir zu Ehren die große Mühe, das von ihr gekochte Essen von der Küche im Keller des Schlosses quer über den Schlosshof nach draußen vor die Mauer zu tragen, was jedes Mal einen Weg von mindestens fünf Minuten bedeutete. Um Knechte zu sparen, die sie aus dem Dorf nicht bekamen, ließen sie die Pferde im Freien auf einer großen Koppel, und sie wurden von dem Herrn selbst verpflegt und, wenn nötig, eingefangen und geritten.

Einmal nahmen beide mich in einem Jeep zu einer Rundfahrt um ihren großen Besitz mit. Nachdem wir einen Wald durchfahren hatten, kamen wir auf eine Lichtung, von der aus man fast bis zum Horizont blicken konnte. Ganz hinten sah man eine große Kuhherde weiden. Der Mann meiner Cousine holte eine Pfeife aus dem Auto und blies hinein. Da setzte sich die Kuhherde in Bewegung und kam langsamen Schrittes auf uns zu. Es waren Kühe mit ihren Kälbern und auch Stiere, eine so genannte »Ammenherde«. Die Kuhmütter durften ihre Kälber behalten und wurden nicht gemolken. Die Stiere durften sich vergnügen, mit wem sie wollten. Sie wurden alle nur gebraucht, um im Winter den Abfall aus den vielen Brauereien der Güter aufzufressen. Später wurden sie dann geschlachtet. Als die Herde den Jeep umringte, gab das Ehepaar den Tieren zur Belohnung, weil sie alle gekommen waren, Salz zu schlecken. Meine Cousine hatte vier Kinder, die nach dieser Erbschaft ihre bisherigen Lebenspläne aufgeben mussten, um fähig zu werden, so einen riesigen Besitz zu verwalten. Es fiel allen nicht leicht, die Verantwortung für so viele Menschen zu übernehmen, die von diesem Besitz abhängig waren. Ich lernte daraus, dass ein reiches Erbteil durchaus nicht immer ein erstrebenswertes Glück ist.

In Bezug auf diese reiche Nichte des Majoratsherrn will ich nicht versäumen, eine dramatische Geschichte zu erzählen, die ich erst jetzt, seit ich wieder in Ahrenshoop lebe, erfahren habe. Mich besuchte einmal ein Auslandskorrespondent, der viel in Amerika war. Da sein Name sehr jüdisch klang, fragte ich ihn nach dem Schicksal seiner Eltern. Darauf erzählte er mir, sein Vater, 1928 geboren, sei der Sohn eines jüdischen Mädchens gewesen, das auf einem Gut in Hessen in der Gärtnerei gearbeitet habe. Der Baron, dem das Gut gehörte, habe die Siebzehnjährige geschwängert. Sie sei darauf von ihren Eltern verstoßen worden, nach Berlin gekommen, habe dort einen Selbstmordversuch gemacht und dann einen Sohn, den Vater meines Gastes, geboren. Dieser Sohn sei in verschiedene Heime gekommen, mit der Geburtsurkunde »Vater unbekannt«, und sei 1938, zehnjährig, mit einem anderen Buben aus Deutschland geflohen. Ein österreichischer Bauer habe die Kinder aufgefunden und sie bis zum Kriegsende vor den Nazis versteckt. Nach dem Krieg habe ihn der Bauer zu jüdischen Verwandten seiner Mutter nach New York geschickt, und von dort sei er 1953 wieder nach Deutschland gekommen. Dort sei er Elektromeister geworden, habe eine wohlhabende Frau geheiratet und ein gutbürgerliches Leben geführt.

Mein Gast wollte nun unbedingt wissen, wer der Erzeuger des Vaters gewesen sein könnte. Er unterzog seine jüdische Großmutter, die die Nazizeit auch versteckt und mit falschem Namen überlebt hatte, einer geschickten Befragung, sodass sie ihm endlich den Namen nannte. Daraufhin sei seine ganze Familie nach Hessen gefahren und zu dem Gut gegangen, aber dort habe man ihnen mitgeteilt, der Herr Baron sei im vorigen Jahr, 1985, gestorben. Da wären sie alle zum Grab gegangen, hätten Blumen darauf gelegt und seien dann wieder nach Hause gefahren. Sie machten keinerlei Versuch, irgendein Erbe zu erhalten, weil die Großmutter ihren Schwur, niemals zu verraten, wer sie geschwängert hatte, sonst hätte brechen müssen. Ich fand es erschütternd, dass der uneheliche Sohn eines der reichsten Männer in Deutschland, der vergeblich nach Erben gesucht hatte, als vaterloses, verachtetes Heimkind aufwachsen musste. Ich fragte meinen Gast, ob uneheliche Kinder heute nicht auch ein Erbrecht hätten. Er meinte, für die Feststellung der Vaterschaft meines Onkels sei es nach dessen Tod zu spät. Seine Eltern wollten seiner Großmutter ersparen, das noch einmal aufzurühren, was sie selbst offensichtlich aus Scham ein Leben lang verheimlicht hatte. Nun fragte ich nach dem Namen des Majoratsherrn und Barons, und darauf sagte er, es sei der Baron R. Ich sagte: »Das ist mein Onkel, er ist der Sohn einer Schwester meiner Großmutter.« Dieser Onkel war kinderlos gewesen, hatte sich ein Leben lang nach einem Erben umgesehen, aber keinen gefunden, dem er den Riesenbesitz anvertrauen konnte. So hatte er seine Nichte und ihren Mann, von deren Reichtum ich eben erzählt habe, als Erben eingesetzt. Mein Zufallsgast aus Amerika war plötzlich zu meinem Neffen geworden.

Anfang der neunziger Jahre ging es mir gesundheitlich immer besser, und ich gewann täglich mehr Lebensfreude. Auch in der Welt schien es heller zu werden. Die immer von Palästina ausgehende Kriegsgefahr hatte mir auf der Seele gelegen und mir oft Mut für die Zukunft genommen. Nun schien die Gefahr wieder etwas ferner zu rücken. Arafat schloss mit Rabin einen Friedenspakt, in welchem beide ihre gegenseitigen Rechte anerkannten. Auch Südafrika hatte mir Sorgen gemacht. Den Kampf von Mandela und seiner Frau Winnie hatte ich mit großem Interesse und mit Anteilnahme verfolgt und alle ihre Bücher gelesen.

Nun endete die schreckliche Apartheid, die mir immer wie ein Rückfall in die Antike vorgekommen war, wo man auch so gnadenlos mit besiegten Fremden umging. Als Mandela nach zwanzig Jahren aus dem Gefängnis entlassen wurde, war er ein vollständig anderer Mensch geworden als der, den sie damals einsperrten. Seine Frau Winnie war immer auffallend schön gewesen. Er hatte an ihrer Seite wild und hart gewirkt. Jetzt sah er aus, als sei in der langen Einsamkeit Gottes Geist in ihn gefahren. Er sah und sieht heute noch schön und durchgeistigt aus. Nichts mehr von Hass, nichts mehr von Rachegelüsten.

Im September 1993 war mein achtzigster Geburtstag, und im Gegensatz zu meinem einsamen sechzigsten Geburtstag hatte ich an diesem Tag achtzig Gäste. Es war das erste Mal in meinem Leben, dass ich Geld genug hatte, um viele Menschen einzuladen. Alle meine alten und neuen Verwandten erschienen und alle neuen Freunde. Meine Töchter und Enkel machten mir den Tag zu einem Ereignis. Nur Nella und Max fehlten, weil Max auf einem Flug mit Salmonellen vergiftete Speisen zu sich genommen hatte und schwer erkrankt im Krankenhaus lag. Ich erfuhr den Grund ihres Fehlens erst später, als die Gefahr vorüber war.

Da ich mit dem Schreiben nicht gern aufhören wollte, suchte ich nach einem neuen Thema. Meine Lektorin riet mir, ich solle doch einmal als Gegensatz zum Leben der Frauen im 20. Jahrhundert das Leben der Frauen im 19. Jahrhundert beschreiben. Mir fiel ein, dass es irgendwo Briefe einer Urgroßtante geben müsse; sie sollte unzählige hinterlassen haben. Im Jahre 1936 hatte ein Grisebach um seines Ariernachweises willen die Hinterlassenschaften unserer Urahnen erforscht. Da er noch erstaunlich viel

Schriftstücke fand und ihn das Forschen freute, schrieb er schließlich ein Buch mit dem Titel ›Die Geschichte der Familie Grisebach‹. Es war ihm gelungen, die Schicksale aller männlichen Grisebachs bis zum 16. Jahrhundert in Erfahrung zu bringen und durch erhaltene Briefe zu belegen. Ganz nebenbei war in diesem Buch auch der sehr originelle Kinderbrief eines kleinen Mädchens zu finden, von dem es hieß, es sei später mit der Schwester eines hessischen Ministers namens Hassenpflug befreundet gewesen und habe mit dieser eine sehr umfangreiche Korrespondenz geführt, die bis heute erhalten sei. Ich erzählte meiner Lektorin von dieser Urgroßtante und der Möglichkeit, diese Briefe zu finden, worauf sie ausrief: »Das ist ja phantastisch. Über diesen Minister Hassenpflug habe ich meine Doktorarbeit geschrieben. Da kann ich Ihnen alles bringen, was ich über ihn in Erfahrung gebracht habe.«

Ich schrieb also sofort an alle mir bekannten Grisebachs und bat sie, mir mitzuteilen, wo sich diese Handschriften befänden. Nach langem vergeblichen Bemühen erhielt ich endlich die Nachricht, dass ein Herr Marcus Bierich diese Briefe in Stuttgart aufbewahrt habe. Auf meine Anfrage bei ihm erhielt ich sofort eine Antwort. Der Brief war in kleiner ordentlicher Schrift geschrieben, und Herr Bierich teilte mir darin mit, ich solle nur nach Stuttgart kommen, er freue sich, mir die Briefe zu zeigen. Da ich in Stuttgart eine Freundin hatte, bei der ich übernachten konnte, machte ich mich gleich auf den Weg. Das Taxi hielt vor einer schönen modernen Villa in einer vornehmen Gegend, und Herr Bierich kam persönlich in einem eleganten samtenen Hausanzug an die Pforte seines Gartens, obwohl ein Bodyguard neben seiner Haustür stand. Er war im Aufsichtsrat der Firma Bosch und vorher Vorstand bei Mannesmann und der Allianz gewesen. Er war etwa sechzig Jahre alt und hatte sechs Kinder mit Hilfe einer Schwägerin großgezogen, da seine Frau früh verstorben war und er nie wieder geheiratet hatte. Nicht nur sein Haus, sondern auch seine Persönlichkeit machten auf mich einen tiefen Eindruck. Immer wieder fand ich seit dem Erscheinen meines Buches ganz beeindruckende Menschen, mit denen ich verwandt war. Er führte mich durch eine elegante Diele in einen Salon, wo er an den Wänden gerahmte Fotos und Ölbilder von seiner Urgroßmutter Louise Grisebach aufgestellt hatte. Neben diesem Salon befand sich ein fensterloses Kabinett, in dem vom Boden bis zur Decke mit Büchern gefüllte Regale standen. Es enthielt unter anderem einen riesigen Schatz an Dokumenten, Büchern, Briefen und allem, was Generationen von Grisebachs hinterlassen hatten. Immerhin waren ja eine Reihe namhafter Geisteswissenschaftler darunter. Aber auch die nicht berühmten waren registriert, und so zeigte er mir die Hochzeitsanzeige meines Vaters mit meiner Mutter, die Geburtsanzeigen von uns Kindern und die Todesanzeige von meiner Mutter. Herr Bierich besaß dieselbe Leidenschaft, seine Ahnen zu erforschen, wie der andere Grisebach, der 1936 das Buch über deren Geschichte geschrieben hatte.

Die 1823 geborene Louise Grisebach, die jahrelang mit Amalie Hassenpflug, der Schwester des Ministers, korrespondiert hatte, war seine hochverehrte Urgroßmutter gewesen, für mich war sie nur eine Urgroßtante. Es stellte sich heraus, dass er nicht nur eine Unmenge Briefe von ihr besaß, sondern auch unzählige Gegenstände, die sie in ihrem Leben von Annette von Droste-Hülshoff geschenkt bekommen hatte. So tranken wir aus deren alten Tassen unseren Kaffee, saßen auf deren Biedermeierstühlchen und sahen das Telefon auf einem ihrer Kommödchen stehen. Louise hatte die Dichterin durch ihre Freundin Amalie Hassenpflug kennen gelernt. Bierich zeigte sich interessiert an meinem Plan, die Hinterlassenschaft seiner Urgroßmutter für ein Buch über sie auszuwerten. Er bot mir an, die vielen für mich unleserlichen Briefe von einer Sekretärin abtippen zu lassen, die imstande war, diese alte Schrift zu entziffern.

Die Schrift der Louise konnte bereits im Jahr 1895 nicht mehr von allen gelesen werden, deshalb hatte sich schon ihr Sohn die Arbeit gemacht, die ganze Korrespondenz in die deutsche Kanzleischrift vom Ende des Jahrhunderts zu übertragen. Auch diese Kanzleischrift wurde für deutsche Menschen wieder unleserlich, weil im Jahr 1922 nach der Revolution die deutsche Sütterlinschrift eingeführt worden war. Man wollte damit Arbeiterkindern erleichtern, aufs Gymnasium zu kommen und dort mit lateinischen Buchstaben schreiben zu können. Ich lernte in den ersten Schuljahren noch die Kanzleischrift des 19. Jahrhunderts, mein drei Jahre jüngerer Bruder bereits die Sütterlinschrift. Nach dem Zusammenbruch 1945 wurde die Sütterlinschrift als Relikt der Nazizeit wieder abgeschafft, und man verwendete fortan und verwendet bis heute die überall in Europa und Amerika üblichen lateinischen Buchstaben. Die Deutschen haben also ihre Schreibschrift und ihre Orthographie seit dem Anfang des 19. Jahrhunderts bis 1945 viermal geändert. So kann ich mir erklären, warum es so wenige Veröffentlichungen von Briefen deutscher Frauen gibt. Briefe von englischen und von französischen Frauen aus dem 19. Jahrhundert sind viel häufiger publiziert worden.

Bis ich die Abschrift der vielen Briefe zugeschickt bekam, die aus ca. 400 eng beschriebenen Schreibmaschinenseiten bestand, besorgte ich mir aus dem Archiv der Brüder-Grimm-Gesellschaft, aus dem Archiv der Droste-Gesellschaft und dem der Brentano-Gesellschaft weitere noch unveröffentlichte Briefe, aus welchen man etwas über die beiden Frauen Amalie von Hassenpflug und Louise Grisebach herauslesen konnte. Meine Lektorin besorgte mir das Material über den Minister Ludwig Hassenpflug. Am Ende hatte ich zwei Waschkörbe voller Bücher und Dokumente durchzuarbeiten und zu verwerten. Ich bedauerte, das Abitur nicht gemacht und wissenschaftliches Arbeiten nicht gelernt zu haben. Ich kam mir vor, als müsse ich nun eine Doktorarbeit machen. Aber es machte mir riesigen Spaß, obwohl ich manchmal alles hinschmeißen wollte vor Empörung über den in diesen Briefen zutage tretenden Charakter meiner lieben, intelligenten, aber geradezu unglaublich egoistischen und unchristlichen Tante. Dabei trieften ihre Briefe von übermäßiger pietistischer Frömmigkeit. Jede kleinste Regung von sexueller Sinnlichkeit (die bei ihr gewaltig gewesen sein muss) unterdrückte sie mit eiserner Härte gegen sich selbst, weil sie ihr ganzes Leben auf die Freuden des herrlichen Jüngsten Tages ausrichtete, von dem sie eine volle Entschädigung für alle irdischen Entbehrungen mit Sicherheit erwartete. Einmal schrieb sie: »Ach, ich bin so glücklich, schon in unserem Jahrhundert zu leben, wo ich dem Jüngsten Tage so viel näher bin als die Frauen früherer Jahrhunderte.« Sie hatte absolut verinnerlicht, was Fichte zu ihrer Zeit über den Geschlechtstrieb der Frauen schrieb, der nur dazu da sei, den Mann zu befriedigen. Der Mann, den sie lieben konnte, durfte aber auch nicht so verdorben sein, einen Geschlechtstrieb zu haben, sonst war er ein verlorener Sünder.

Die Briefe zeigten mir ein völlig anderes Bild von den Frauen des 19. Jahrhunderts als das, welches mir bisher durch Thomas Manns Tony Buddenbrook oder Fontanes Effi Briest vermittelt worden war. Mir wurde klar, warum es in jenem Jahrhundert kaum Schriftstellerinnen oder Dichterinnen gab. Sophie de la Roche hatte am Anfang des Jahrhunderts noch (allerdings unter vielen Vorbehalten) Bücher schreiben und drucken dürfen. Schon Bettina von Arnim war massiv behindert worden und ihre Bücher in adligen und Bürgerkreisen tabu. Von der Varnhagen wurden einige Briefe und Texte unter der Hand verbreitet, und der Dichterin Annette von Droste-Hülshoff gelang es im Leben nur fünfhundert Exemplare eines Buches drucken zu lassen, die aber zum größten Teil nicht gekauft wurden. Erst gegen Ende des 19. Jahrhunderts gelang es Hedwig Courths-Mahler, ihre Kitschromane in der Zeitschrift ›Gartenlaube‹ zu veröffentlichen.

Ich hatte das 19. Jahrhundert, vor allem die Zeit der Romantik und die Biedermeierzeit, immer beneidenswert gefunden im Vergleich zu meinem schweren Leben im 20. Jahrhundert. Durch die Arbeit an meinem Buch ›Frauen im Korsett‹ wurde mir jedoch bewusst, dass ich Gott danken musste, nicht in jener Zeit geboren worden zu sein. Mir wurde klar, dass gerade die Härte des Lebenskampfes, die Schmerzen, die Verluste und die Tränen uns auf viel eindrucksvollere Weise spüren lassen, was »Leben« heißt; dass wir Gott für die Möglichkeit, Schmerz zu empfinden, ebenso dankbar sein müssen wie dafür, Lust und Freude zu empfinden, dafür, dass wir lachen, aber auch weinen können. Die menschliche Natur ist so angelegt, dass sie wie Tag und Nacht auch den Wechsel von Freude und Trauer, Lust und Schmerz braucht, um zu reifen. Alle Weltverbesserungsversuche, die darauf abzielen, die Menschheit glücklicher zu machen und den Schmerz abzuschaffen, sind genauso vergeblich, wie es unmöglich wäre, die Tage heller zu machen, wenn man die Nacht abschaffen würde. Man würde die Tage gar nicht mehr bemerken. Ich habe die in ihre gesellschaftlichen Korsetts eingezwängte Louise nicht beneidet.

Die Arbeit an dem Buch ›Frauen im Korsett‹, unterbrochen von Lesereisen, machte mir viel Freude. Ich wünschte, ich hätte den Beruf der Schriftstellerin schon früher ergreifen dürfen. Für meine »Doktorarbeit« hatte ich statt eines Doktortitels den Kulturpreis der Stadt Neu-Isenburg bekommen und war deren Ehrenbürgerin geworden. Es war ein großes Ereignis in der Stadt gewesen, und mein damals achtjähriger Enkel Jonas hatte diese Ehrung seiner Oma unbedingt miterleben wollen. Meine Tochter bat um die Erlaubnis, das Kind wegen dieses Ereignisses am nächsten Tag ausschlafen lassen und später zur Schule schicken zu dürfen. Aber die Lehrerin wollte dem Kind verbieten, an dieser Veranstaltung teilzunehmen. Die Eltern nahmen ihn dennoch mit. Ein halbes Jahr später fand in der Aula seiner Grundschule eine große Feier statt, bei welcher der Bürgermeister von Neu-Isenburg eine Rede hielt. Als er geendet hatte, stand mein kleiner Enkel auf, schritt feierlich durch den Saal auf den Bürgermeister zu und schüttelte diesem ganz vertraulich die Hand. »Kennst du mich denn?«, fragte der Bürgermeister verdutzt. Da antwortete er stolz: »Natürlich, Sie haben doch meiner Oma den Nobelpreis gegeben.« Wobei er »Nobel« mit der Betonung auf der ersten Silbe aussprach. Der Bürgermeister sagte: »Ach so, dann grüß mal deine Oma schön.« Und Jonas zog ab und überbrachte mir den Gruß des Bürgermeisters.

Trotz der Erfolge der befriedigenden Arbeit und der vielen neu gewonnenen Freunde und Verwandten und dem vollständigen Auftauchen aus dem Dunkel der schweren Depression wurde ich das ewige Gefühl der Fremdheit nicht los. Ich konnte nicht sagen, was es denn eigentlich war, was mir fehlte. Aber ich fühlte, mir fehlte immer noch das Wichtigste. War es der Ruhm, von dem ich nicht genug kriegte, fragte ich mich ehrlich und musste mir antworten: »Nein.« Mir hatte schon seit meiner Flucht in den Westen immer etwas Wesentliches gefehlt, ohne dass ich hätte sagen können, was das tatsächlich war. Ich hatte jetzt Geld, befriedigende Arbeit, gut gelungene Töchter, reizende Enkelkinder, viele Menschen und Freunde um mich. Ich war für mein Alter gesund, was wollte ich mehr.

1994 kam die Nachricht vom Urteil der zweiten Instanz des Amtes zur Regelung offener Vermögensfragen. Wieder wurde mir mein Haus zugesprochen, wieder reisten meine Kinder nach Ahrenshoop, und wieder legte G. G. Berufung ein. Wir mussten nun noch einmal mindestens zwei Jahre warten. Jetzt glaubte ich zu ahnen, was mir fehlte. Ich hatte mich in Heidelberg und Frankfurt und Neu-Isenburg eingelebt und eingewöhnt, aber ich war und blieb unter diesen Menschen dort eine Fremde. Nun war ich zwar noch nicht wieder daheim, sah mein Haus aber doch schon am Horizont auftauchen. Unser Anwalt meinte, wir würden den Prozess beim Amtsgericht Schwerin unter allen Umständen gewinnen. Seit dieser Gewissheit wurde es um mich herum schon erheblich heller.

Bald würde ich wieder zu Hause sein, wenn ich nur noch so lange lebte.

Neunzehntes Kapitel

Ich werde blind

Das Buch ›Frauen im Korsett‹ sollte eigentlich mit dem Tode der Louise schließen und auch ihre Ehe und die Zeit ihrer Mutterschaft beschreiben. Aber ich bekam Schwierigkeiten mit meinen Augen. Die Augenärztin verbot mir, sie zu überanstrengen. Immerhin war ich zweiundachtzig Jahre alt und auch nicht ganz gesund. So schloss ich das Buch mit der Heirat der Louise und lieferte es diesmal bei der Deutschen Verlags-Anstalt ab, die mir Bierich empfohlen hatte. Der Quell Verlag hätte sich vielleicht an meiner scharfen Kritik am Pietismus gestört.

Wenige Tage nach der Ablieferung im März 1995 wachte ich eines Morgens auf und stellte fest, dass ich nicht mehr richtig sehen konnte, besonders nicht mit dem rechten Auge. Jede gerade Linie schien mir spiralförmig. Ich konnte kaum mehr erkennen, was das eigentlich war, was ich sah. Ich eilte zur Augenärztin. Diese untersuchte mich lange und rief sofort die Augenklinik in Höchst an. Das war die berühmteste Augenklinik in Hessen und weit über dessen Grenzen hinaus bekannt. Man sagte, dort hätte man Apparate, die Blinde wieder sehend machen könnten. Meine Ärztin erhielt die Auskunft, man könne mir einen Termin im Juli vormerken. Bis dahin waren es noch vier Monate. Die Ärztin meinte: »Nun ja, das ist immer so. Sie nehmen dort auch Notfälle nicht früher auf. Sie müssen eben warten und die Augen schonen. Mit dem linken Auge können Sie ja noch sehen. Haben Sie keine Sorge, die machen dort in Höchst mit Laserstrahlen alles wieder gut.« Da ich ja nun nicht mehr an einem Buch arbeitete, geduldete ich mich.

Im Juli kam ich zum verabredeten Termin in die Klinik. Nach einer gründlichen Untersuchung in mehreren Zimmern der Ambulanz wurde ich zum Chefarzt gerufen, und dieser eröffnete mir, es täte ihm Leid, aber ich sei zu spät gekommen. Das rechte Auge könne nicht mehr gerettet werden. Das linke wollten sie doch noch versuchen zu retten. Ich litte an einer Makuladegeneration und einem beginnenden grauen Star. Eine Makuladegeneration ist für das Auge so etwas wie ein Schlaganfall für das Gehirn. Ein Kranz von Blutäderchen in der Mitte der Netzhaut wird im Alter brüchig und läuft aus. Dadurch stirbt die Nervenzelle, die Informationen von diesem Gesichtsfeld aus ans Hirn leitet, ab. Der Patient erhält aber weiter Informationen von seitlichen Äderchen. Alles, worauf er gerade guckt, verschwindet, aber er erhält trotzdem Informationen von den Seiten. Es ist, als wenn man in einem Auto sitzt, dessen Windschutzscheibe undurchsichtig geworden, dessen Seitenscheiben aber noch klar sind. Jeder Autofahrer weiß, dass er, auch wenn er geradeaus guckt, dennoch ein Auto neben sich bemerkt und darauf reagiert. Je länger man übt, die undeutliche seitliche Information zu diagnostizieren, desto besser kann der an Makuladegeneration Erkrankte sich zurechtfinden. Gesichter und Schrift, auch mit größten Buchstaben, kann er nicht mehr erkennen, aber er findet sich im Raum zurecht und ist nicht ganz im Dunkeln. Ab einem Sehvermögen von zwei oder weniger Prozent gilt er als blind.

Von nun an fuhren mich Nella und Betty abwechselnd mehrmals nach Höchst. Wir mussten morgens um 6 Uhr losfahren, damit wir bis um 7 Uhr die Nummer von einer Rolle abziehen konnten, die einem sagte, als wievielte man drankam. So früh wir auch losfuhren, eine Nummer unter 65 erwischte ich nie. Stets waren schon Massen von Leuten da. Die Ambulanz bestand aus einem sehr großen Saal mit unzähligen Türen an allen Seiten. Auf den Türen stand geschrieben, was dort mit dem Patienten geschah. Aber das konnte ich nicht lesen. Zwischen den Türen standen Bänke, und im Saal selbst standen ebenfalls in Reihen hintereinander lange Bänke. Alle waren voll. Zuerst setzte man sich und wartete, bis die Nummer aufgerufen wurde, die man gezogen hatte. Dann öffnete sich die erste Tür, hier wurde man registriert und aufgenommen. Danach musste man wieder warten. Die zweite Tür öffnete sich, die eigene Nummer wurde wieder gerufen. Dort kam man in einen dunklen Raum, wo jemand eine Untersuchung durchführte, ohne zu sagen, welche. Wieder raus auf die Bank. Wieder warten. Ein neuer Aufruf. Rein, untersuchen, raus. Jedes Mal zwischen den Aufrufen langes Warten. Abends um 17 Uhr hatte man alle sechs bis sieben für einen zuständigen Türen hinter sich gebracht und wurde für einen neuen Tag bestellt. Im Saal gab es keinen Getränkeautomaten und keinen Imbissstand. Da die Prozedur zehn Stunden dauerte, nahm man Thermoskannen mit Tee und eingewickelte Butterbrote mit. Es hätte zu leicht passieren können, dass man seinen Aufruf verpasste, wenn man gerade unten im Speisesaal war und den Ruf nicht hörte. Auch auf die Toilette zu gehen war ein Wagnis. Kam nämlich jemand nicht sofort dahin, wo seine Nummer aufgerufen wurde, war er ausgeschieden. Dann konnte er gleich nach Hause gehen. Hinter jeder Tür war man nämlich nur die Nummer und wurde nicht beim Namen genannt. Ich musste jedes Mal hinter viele Türen gehen. Hinter jeder Tür empfing mich ein dunkler oder halbdunkler Raum, und ein Mensch in weißem Kittel hantierte an mir und meinen Augen herum, stellte kurze, barsche Fragen, die ich kurz beantworten musste, fotografierte, tropfte, pikte oder fummelte an mir herum, ohne mir zu sagen, was er tat, und entließ mich wieder, ohne ein weiteres Wort gesprochen zu haben. Alle Ärzte hinter den Türen hatten die strenge Anweisung, nicht mit ihren Patienten zu sprechen, da täglich eine so große Menge von Menschen versorgt werden musste, deren man sonst nicht Herr geworden wäre. Dennoch gab es einen Arzt, der, als er in meiner Kartei den Beruf Schriftstellerin geschrieben sah, doch sehr freundlich mit mir sprach. Er ignorierte einfach das Verbot, weil er es für die Patienten als kränkend empfand. Am Ende des Durchlaufs wurde man dann noch zur Oberärztin hereingerufen, die einem die Ergebnisse der Untersuchungen mitteilte. Ich kam jedes Mal völlig erschöpft von so einem Tag in der Ambulanz zurück und war nie vor 18 Uhr wieder zu Hause.

Eines Tages wurde mir gesagt, man wolle meinen grauen Star operieren. Ich kam in eine Station, verbrachte dort eine Nacht im Bett. Am nächsten Morgen versammelten sich einige Ärzte in meinem Zimmer und beschlossen, die Staroperation wegen der Makuladegeneration nicht zu wagen. Sonst würde ich vielleicht ganz blind. Ich zog unverrichteter Dinge wieder nach Hause. Endlich wurde mir gesagt, am 20. Oktober würde man die Laseroperation wegen der Makuladegeneration vornehmen. Die würde aber ambulant gemacht. Da ich sicher war, mit diesen neuen Apparaten in dieser Klinik würden Blinde sehend, hatte ich keine Angst.

Anfang Oktober machte ich noch eine Lesereise nach Bielefeld, wo wegen meiner Sehbehinderung eine andere Frau aus meinen Büchern vorlas und ich nur Fragen zu beantworten hatte. Ich fuhr auf weiteren Reisen immer mit dem Zug in einem Großraumwagen, in dem es Plätze für Schwerbehinderte gab und man seinen Gehwagen in einer Nische abstellen konnte. Einmal war ich schon in einem solchen Großraumwagen in die Toilette für Schwerbehinderte gegangen. Man hatte nicht an Blinde gedacht, und der Knopf zum Spülen war nirgends zu fühlen. Ich fühlte nur eine blanke, glatte Fläche und sah nicht, wo etwas gemalt war. Ich drückte also irgendwo an die Wand, während ich noch auf der Toilette saß, da öffnete sich die Tür und die davor wartenden Menschen glotzten zu mir herein.

Diesmal saß ich auf meiner Schwerbehindertenbank neben einem jungen Mann, der die gelbe Armbinde mit den schwarzen Punkten umgebunden hatte und ersichtlich blind war. Natürlich knüpfte ich mit ihm ein Gespräch an. Ich fragte ihn, wie er denn als Blinder so allein reisen könne. Da lachte er und sagte: »Das ist nicht so schlimm. Zwei Dinge kann ich immer noch sehen. Große Scheine und Frauen.« Er erklärte mir dann, dass man es als Blinder besser habe als jeder andere Behinderte. Überall erführe man Hilfe. Die Menschen seien immer freundlich zu einem, und auch der Staat sorge besser für die Blinden als für alle anderen Behinderten. Das konnte ich bestätigen, denn als Rollstuhlfahrer oder alte Frau mit Gehwagen wurde man oft unglaublich rücksichtslos behandelt. Saß man im Rollstuhl, so sah die Umwelt einen als geistig Behinderten an und ging entsprechend mit einem um. Ich erzählte dem Blinden von meiner bevorstehenden Operation und fragte ihn, was ich machen solle, wenn diese misslänge. Er sagte, ich müsse augenblicklich, wenn ich die Nachricht von der unheilbaren Erblindung bekäme, das Sozialamt anrufen, dann käme sofort eine Sozialarbeiterin und beantrage für mich alles Notwendige. Er gab mir auch die Adresse des Frankfurter Blindenvereins. Blind sein sei wirklich nicht so schlimm, wie die Leute sich das dächten, sagte er. Gerade eine Makuladegeneration sei das Beste, was einem passieren könne. Es würde niemals ganz dunkel um einen, und man könne Farben und Schatten immer noch erkennen. Man gewänne viele erstaunlich neue Sinne dazu. Das machte mir viel Mut.

Am 20. Oktober war es dann so weit. Betty, die mich sonst bis zur Abholung durch Nella in der Klinik allein gelassen hatte, blieb diesmal da. Nach dem Aufruf in das Zimmer der Aufnahme wurden wir eine Etage höher geschickt, wo sich ein Warteraum befand, in dem schon einige Menschen saßen und in dem es nur eine Tür gab, auf deren Öffnung man warten musste. Das Warten, ohne dabei Zeitungen lesen zu können, ist sehr ermüdend und langweilig. Vor mir wurden drei Menschen abgefertigt, dann ging die Tür auf, und meine Nummer wurde gerufen. Betty wünschte mir noch viel Glück, und dann kam ich aus dem hellen Warteraum in ein stockdunkles Zimmer. Eine Hand ergriff die meine und führte mich zu einem

hohen Sessel, wo mein Kopf in einem Gestell festgeschnallt wurde. Ich sah, dass jemand mit einer kleinen Taschenlampe hantierte, die wie ein Glühwürmchen in der Schwärze der Dunkelheit hin und her blitzte. Plötzlich gab es einen gleißend hellen Blitz direkt vor meinen Augen, dann noch einen und nach einer Weile noch einen. Der Mensch hantierte noch eine Weile an mir herum, ohne dass ich noch einmal seine Taschenlampe gesehen hätte, dann schnallte er meinen Kopf los. Ich wartete darauf, was nun passieren würde. Aber da sagte eine Männer- oder auch Frauenstimme: »Warum gehen Sie nicht? Worauf warten Sie noch?«
»Ja, wie denn? Wohin denn? Sind Sie denn schon fertig?«
»Ja.« Ich blieb sitzen, weil ich nicht wusste, wo ich mich befand und wo die Tür war. »Helfen Sie mir doch raus«, sagte ich. Er oder sie nahm wieder meine Hand, führte mich durch den Raum, und ich hörte eine Tür sich öffnen und wieder schließen. Ich war immer noch im Stockdunklen. »Mutti, bist du fertig?«, fragte Betty, und ich sagte: »Ich sehe überhaupt nichts mehr.«

Ich war so geschockt, dass es um mich so rabenschwarz war, als wenn man mir die Augen zugebunden hätte, dass ich nicht mehr sprechen konnte, wie immer, wenn ich geschockt bin. Betty führte mich aus der Klinik heraus in ihr Auto, und es war ein dramatisch aufregendes Gefühl, in einem Auto zu sitzen, schnell zu fahren, jedes andere Auto auf der Straße zu hören, wie es sich nähert und wieder entfernt, und nichts sehen zu können. Zu Hause ging ich stumm in mein Zimmer, zog mich aus, legte mich ins Bett und zog die Decke über den Kopf. Ich wollte auch nichts mehr hören. Ich wollte nur aus der Welt verschwinden.

Betty, die aus mir nicht herausgebracht hatte, was eigentlich passiert war, rief die Klinik an, um zu erfahren, was man mit mir gemacht habe. Ihr wurde gesagt, es sei normal, dass man nach einer Laserstrahloperation längere Zeit blind sei. Das würde aber bald vorübergehen, und dann würde man feststellen können, ob die Operation geglückt sei. »Warum hat denn das niemand meiner Mutter gesagt?«, rief Betty. »Das weiß ich nicht«, lautete die Auskunft.

Tatsächlich konnte ich nach drei Tagen wieder Licht und Schatten erkennen, aber im Großen und Ganzen sah ich schlechter als vorher. Ich wurde noch einmal untersucht, wonach man mir sagte: »Sie bekommen von uns schriftliche Nachricht.« Am 22. Dezember kam ein Brief aus der Klinik, in welchem mir mitgeteilt wurde, die Operation sei misslungen, eine Verbesserung sei nicht mehr zu erwarten. Ich behielte die Sehstärke von zwei Prozent, von der ab man als blind gilt. Weihnachten bekam ich einen teilnahmsvollen, lieben Brief des einzigen Arztes in der Augenklinik, der mit mir gesprochen hatte. Er schrieb, er habe diese Klinik verlassen, weil er die menschenverachtende Behandlung der Patienten nicht ertragen habe. Er schickte mir zum Trost ein Hörbuch mit der bekannten Geschichte vom Kleinen Prinzen.

Ich erinnerte mich an den blinden Mann im Großraumwagen und befolgte sofort alles, wozu er mir geraten hatte. Ich rief das Sozialamt an und den Blindenverein. Noch zwischen Weihnachten und Neujahr erschien eine Sozialarbeiterin, die meine Personalien und den Befund der Klinik kopierte und mir versprach, schon am 1. Februar würde mir Blindengeld zugestellt werden. Sie verwies mich an die Blindenbücherei in Marburg an der Lahn, von wo aus man mir regelmäßig Hörbücher zuschicken würde. Ich nahm mir von Anfang an vor, mit dieser Erkrankung genauso umzugehen wie der Blinde im Großraumwagen und sie auf mich zu nehmen. Taub geworden zu sein wäre für mich viel schlimmer gewesen, weil man dann an keinem Gespräch mehr richtig teilnehmen konnte. Es kam für mich jetzt nur darauf an, dass ich meine Umwelt nicht mit Jammern und Klagen belästigte. Je weniger die anderen etwas davon merkten, desto besser.

Zu meinem Erstaunen war bereits am 1. Februar das Blindengeld auf meinem Konto – und dann passierte Folgendes: Der älteste Sohn von Betty, Robert, 1,80 Meter groß, besuchte mich einmal. Ich stand vor ihm und küsste ihn zur Begrüßung. Meine Augen waren auf sein Gesicht gerichtet. Da sagte ich plötzlich unwillkürlich: »Junge, deine Schnürsenkel sind ja offen.« Sie waren tatsächlich offen, und ich hatte das gesehen, obwohl ich das Gesicht des Enkels so wenig sehen konnte wie jedes andere Gesicht. Das bestätigte mir, dass ich sehen lernen konnte, wenn ich nur aufmerksam die von der Seite her ins Auge dringenden Informationen zu erkennen lernte. Die Gesichter der Menschen bleiben mir leider immer noch verborgen, obwohl diese sich darüber wundern. Man sagt, ich blicke ihnen ebenso in die Augen wie früher. Schließlich weiß ich ja, wo sich die Augen der Menschen befinden. Warum sollte ich also woanders hinsehen.

Einmal, ich war schon in Ahrenshoop, passierte mir etwas Komisches: Ich wartete auf meinen Schwiegersohn, sein Auto fuhr vor, er stieg aus, ich eilte auf ihn zu, umarmte und küsste ihn. Er küsste sehr herzlich zurück, fühlte sich aber etwas fremd an. Es war der mir noch unbekannte

Fliesenleger. Später lernte ich ihn als einen von vielen Frauen geliebten jungen Mann kennen, dem das Küssen nicht fremd war.

Von der Landschaft hier in Ahrenshoop erkenne ich aber doch so viel, dass ich sie genauso lieben kann wie früher, als ich sie noch sah. Verschwommene Aquarellbilder können ja auch sehr schön sein.

Zwanzigstes Kapitel

Das endgültige Urteil in Schwerin

Anfang Januar 1996 erhielt ich den lange erwarteten Brief vom Landgericht Schwerin. Am 30. Januar um 10 Uhr würde G.s Klage zur Verhandlung kommen und ich dazu beigeladen. Betty brachte mich nach Berlin, und von dort fuhr ich mit Judith nach Schwerin. Wir meldeten uns zur Übernachtung bei Judiths ältester Freundin Helga an, mit der die Verbindung nie abgebrochen war. Bis wir nach Rostock zogen, hatten Helga und ihr kleiner Bruder Harry die meisten Tage ihrer Kindheit in meinem Hause zugebracht. Die beiden und ihr älterer Bruder Günter waren die Enkel der Bauern, die meinen Großeltern unser Land verkauft hatten, und die Kinder der Freundin, mit der ich als Kind gespielt hatte. Helga war im Alter von Judith und Harry im Alter von Susi gewesen. Sie und vor allem der etwas ältere Bruder Günter hatten es noch erheblich schwerer gehabt als meine Kinder. Sie wurden hart rangenommen und mussten viel mitarbeiten. Die sehr strenge Großmutter hatte allein das Sagen auf dem Hof gehabt, Ehemann, Tochter, Schwiegersohn und Enkel mussten parieren. Als der jüngste Sohn und Erbe im Jahr 1943 für Hitlers Krieg fiel, ging die Alte noch härter mit all ihren Angehörigen um. Aber sie wurde von diesen nicht nur gefürchtet, sondern auch respektiert, geachtet und verehrt. Sie muss auch liebenswürdige Eigenschaften gehabt haben, die sie nur der engsten Familie zeigte. Jemand berichtete mir einmal ihre vermeintliche Lebensgeschichte, die man sich im Dorf erzählte. Sie und auch ihr Mann seien vor ihrer Ehe heimlich schon jeweils mit jemand anderem verlobt gewesen. Aber dieser heimliche Bräutigam und diese heimliche Braut hätten keinen Landbesitz gehabt. Da hätten sowohl ihre als auch seine Eltern die Heirat dieser beiden beschlossen, und sie hätten sich fügen müssen. Es gab im 19. Jahrhundert noch keine Möglichkeiten für Bauernkinder, sich den Entscheidungen ihrer Eltern zu widersetzen. Es war anzunehmen, dass jedenfalls der Bäuerin an diesem Verlust fast das Herz gebrochen ist. Aber die mehr als harte Arbeit auf den Feldern und in den Ställen ließ kein Trauern zu. Man musste sich miteinander arrangieren, und man arrangierte sich. Auf Bauernhöfen fragte man früher nicht nach den Herzen.

Günter musste meistens Kühe hüten oder in den Ställen arbeiten, wenn er nicht zur Schule ging. Ich sehe ihn noch vor mir, wie er neben der weidenden Kuhherde, auf die er hin und wieder ein Auge warf, hinter einem Busch versteckt in seinen Schulbüchern las und lernte. Er wollte einmal kein Bauer werden, er wollte lernen. Damit die ewig bettelnden Flüchtlinge und Vertriebenen im Dorf nicht glaubten, hier sei etwas zu holen, ließen Großmutter und Mutter die Kinder demonstrativ in Lumpen herumlaufen. Natürlich hatten sie so wenig Textilien wie ich, und meine Töchter hatten auch Kleider aus alten Vorhängen, Tischdecken oder Bettüberdecken, die ich selbst genäht hatte. Aber ich saß die Nächte durch und flickte und stopfte, was zerrissen war. Auf dem Bauernhof wäre das eine Überanstrengung gewesen, weil sie dort ungleich härter körperlich arbeiten mussten als ich. So habe ich Günter nur mit durchlöcherten Hosen, die mit Paketstrippe um den Bauch festgebunden waren, und Schuhen erlebt, aus denen die nackten Zehen heraussahen.

Helga und Harry waren ganz bezaubernde Kinder mit einer unerschöpflich kreativen Spielphantasie. Sie verstanden sich wunderbar mit meinen Kindern, und ich schloss sie, fast so sehr wie meine eigenen, in mein Herz. Für sie war ich die »Tante Mutti«, da sie ihre eigene Mutter Mama nannten. Helga war nach der Wende schon einmal bei uns in Neu-Isenburg gewesen. Sie war nun verheiratet mit dem Chefarzt der Rostocker Chirurgie und eine gebildete, kluge und schöne Frau geworden. Sie hatte bereits volljährige Enkel. Die alte herzliche Freundschaft war unverändert geblieben. Jetzt lernten wir auch ihren interessanten Mann kennen, der sich sofort mit mir in lebhafte philosophische Diskussionen verwickelte. Und dann erschien ein gut gekleideter älterer Herr von fünfundsechzig Jahren, außerordentlich sympathisch, der mich umarmte und sagte: »Da bist du ja wieder, Tante Mutti.« Es war Günter, der inzwischen Physikprofessor geworden war. Wenn ich auch viel an der DDR auszusetzen hatte, so muss ich doch immer wieder sagen, dass man dort tatsächlich das dumme Elitedenken, die Stände- und Klassenwirtschaft noch gründlicher abgeschafft hat, als dies in der alten Bundesrepublik gelang. Wenn ich Günter sah, musste ich wirklich lachen über Aussprüche meiner Großmutter, die immer behauptet hatte, schon einem Säugling anzusehen, aus welchem Stand oder welcher Schicht dieser stammte. Natürlich stimmte auch Marx' Theorie nicht, dass aus der Arbeiter- und Bauernschicht bessere Menschen würden, als es die

»gehobenen Schichten« waren, aber es stimmte, dass sie genauso wurden wie die angeblich »besseren Leute«.

Alle in Helgas Familie interessierten sich nun sehr für meinen Prozess mit G. Auch sie hatten noch einen unentschiedenen Prozess um ihren Bauernhof. Helga begleitete Judith und mich am nächsten Morgen um 10 Uhr zum Gericht. Dort waren schon Journalisten mit Kameras, denn mein Prozess mit dem ehemaligen Volkskammerpräsidenten und Vorsitzenden der Blockpartei Ost-CDU hatte nach dessen Verurteilung zu anderthalb Jahren Gefängnis auf Bewährung großes Aufsehen erregt. Ich war schon mehrmals interviewt und befragt worden. Es war die erste Gerichtsverhandlung, an der ich in meinem Leben teilnahm. Schade, dass ich so wenig sehen konnte vom Mienenspiel der einzelnen handelnden Personen. Es wurden endlose Schreiben der Anwälte beider Seiten vorgelesen, Zeugen befragt, Angaben geprüft. Ich hörte, dass G. offenbar Himmel und Hölle in Bewegung gesetzt hatte, um sein Recht auf mein Haus zu beweisen. Ich glaube, sein Hauptargument war, dass er doch der Retter einer Ruine gewesen sei, die ohne sein großzügiges Eingreifen dem Verfall anheim gefallen wäre. Den ruinösen Zustand des Hauses suchte er durch ein Foto zu beweisen, von dem sich aber herausstellte, dass es in den achtziger Jahren gemacht worden war, als G. das Haus schon zehn Jahre besaß und nun das Dach neu decken ließ. So sah man auf diesem Bild ein Haus mit abgedecktem Dach.

Die Verhandlung dauerte bis zum Nachmittag. In der Mittagspause sahen wir, wie mein Anwalt und G.s Anwalt, die eben noch heftig gestritten hatten, gemütlich an einem Tisch saßen und über Witze lachten. Das Urteil wurde zum

Schluss der Verhandlung vorgelesen. Bis dahin war mir nicht klar, ob er oder ich gewinnen würde; die Sprache der Juristen war mir oft unverständlich. Dann also wurde das Urteil verlesen, es lautete, kurz gefasst: »Mit Nachweis vom 18. September 1973 wurde der Rat der Gemeinde Ahrenshoop mit Wirkung vom 1. Oktober 1973 neuer Rechtsträger des volkseigenen Grundstücks. Die Überführung des Grundbesitzes in Eigentum des Volkes erfolgte aufgrund dessen, dass es verkauft werden sollte an den Volkskammerpräsidenten G. Am 30. Januar 1974 verkaufte die Gemeinde Ahrenshoop das Haus für 22768 Ostmark. Die Kammer ist zu der Auffassung gelangt, dass der Gebäudeerwerb und damit verbunden der Erwerb des Nutzungsrechts durch die Eheleute G. als unredlich im Sinne des §4 Abs. 3 Buchst. a VermG anzusehen ist.«

Es folgte eine lange Beschreibung der diversen Unredlichkeiten, die Herr G. begangen hatte. Immer handelte es sich dabei um Verstöße gegen DDR-Gesetze. Weil ein hoher Funktionär Lust darauf hatte, ein großes Haus zu besitzen, machte man dieses, ohne die Besitzer zu benachrichtigen, einfach zum Volkseigentum. Judith, Helga und ich umarmten uns nach diesem Urteil und freuten uns riesig. Wir hofften für Helga, dass auch sie in ihrem Prozess gewinnen würde. Leider war dies Jahre später nicht der Fall.

Einundzwanzigstes Kapitel

Die Geschichte des Hauses

Im Jahre 1909 hatte meine Großmutter, die Frau Geheimrat aus Berlin, ihre zwanzigjährige Tochter Hedwig nach Mecklenburg auf die Halbinsel Fischland-Darß geschickt, um in dem kleinen verwunschenen Dorf Ahrenshoop ein Sommerquartier für ihre große Familie nebst Dienstmädchen zu suchen. Man hatte schon so viel von diesem Ort gehört, dass man neugierig geworden war. Im Freundeskreis der beiden Mädchen Hedwig und Hermine befanden sich einige Künstler, darunter der später berühmte Bildhauer Gerhard Marcks, die von diesem Dorf geschwärmt hatten. Nun wollten nicht nur die Töchter, sondern auch die vier Söhne im Alter von zwölf, dreizehn, vierzehn und fünfzehn Jahren dort die Sommerferien verbringen und vor allem segeln lernen. Die beiden Töchter, Hedwig und meine 1909 achtzehnjährige Mutter Hermine, hatten wegen ihres Charmes und ihrer Schönheit viele Bewerber. Sie waren aber beide schon gebunden und hofften auf eine Begegnung mit ihren Verlobten. Hedwig hatte sich einem adligen Gutsbesitzer versprochen und Hermine einem jungen Architekten. Die beiden waren Vettern. Hedwig kam begeistert von ihrer Besichtigungsreise aus Ahrenshoop zurück und hatte auch ein Quartier in einem Bauernhaus gefunden. So verbrachte die Familie 1909 dort die ersten Ahrenshooper Ferien.

In den Briefen meiner Großmutter stehen einige abfällige Bemerkungen über die hygienischen Zustände des Bauernhofes und die Unsauberkeit der Bauersfrau. Sie selbst hatte stets zwei Dienstmädchen und einen Diener und brauchte in ihrem Haus keinen Finger zu rühren. Die Bauersfrau hatte drei kleine Kinder, ging mit dem vierten schwanger und musste zehn Kühe melken, Schweine und Federvieh und zwei Pferde versorgen, Milch und Käse zum Verkauf zubereiten und mit Ehemann, Knecht und Magd viele Morgen Land bepflanzen und bearbeiten. Diese Frau stand um 5 Uhr morgens auf und ging nicht vor Sonnenuntergang ins Bett. Man hatte damals in der Stadt keinen Respekt vor den gewaltigen Arbeitsleistungen der Bauersfrauen. Trotzdem gefiel es der Frau Geheimrat in dem Bauernhaus und in Ahrenshoop so gut, dass sie mit ihrer Familie jedes Jahr wiederkam. Als die Töchter verheiratet waren und je ein Kind hatten, bat sie meinen Großvater, er möge dem Bauern doch ein Stück Land abkaufen. Der Kauf gelang. Im September 1913, kurz nach meiner Geburt, waren zweitausendsechshundert Quadratmeter Land Eigentum meines Großvaters. Am 30. Oktober 1913 wurde mit dem Bau begonnen. Es sollte ein Haus werden, in dem die Familien der beiden Töchter und die späteren Frauen und Kinder der Söhne in ihren Ferien zusammentreffen könnten.

Der Stil sollte nicht derselbe sein, in dem die Freunde der Frau Geheimrat noch zu bauen pflegten. Kein Gründerzeit- und kein Jugendstil. Mein Vater war mit Gropius in die Schule gegangen. Er plante ein Haus im Stil der alten Bauernhäuser in der Gegend, mit Strohdach und Fenstergauben im Dach, aber an der nördlichen Frontseite sollte sich eine kühle, offene Halle befinden mit vier Säulen, die das Dach trugen. Meine Großmutter musste damals wie alle Frauen ein Korsett und hochgeschlossene Kleider tragen und litt im Sommer unsäglich unter der Hitze. So war die kühle Säulenhalle für sie ein Bedürfnis, aber einige Freunde und Bekannte rümpften doch etwas die Nase über die weißen Säulen. Generationen waren später froh über diesen Essplatz im Freien, der ganz und gar vor Wind und Regen und auch vor Sonne geschützt war. Wir hatten natürlich genau wie die Bauersleute nur zwei Plumpsklos, die sich allerdings im Haus befanden und täglich von einer Klofrau geleert wurden. Wie die Bauern holten wir unser Wasser von einer Pumpe im Garten, heizten mit Holz in Kachelöfen und besaßen keinen elektrischen Strom. Man trug Petroleumlampen oder Kerzen mit Windschutz vor sich her. Wir hatten keine Doppelfenster, und von Oktober bis Mai war das Haus für die verwöhnten Berliner unbewohnbar. Im großen Hintergarten wurde zusätzlich noch ein Waschhäuschen gebaut, im gleichen Stil, auch mit Säulen, in dem sich eine große Waschküche, ein Ziegenstall, ein Hühnerstall und ein Schweinestall befanden. Unter dem Strohdach gab es ein Zimmer für den Gärtner. Im großen Haus befanden sich in der unteren Etage ein fünfundvierzig Quadratmeter großes Musikzimmer, zwei angrenzende Zimmer für den Hausherrn und die Hausfrau, eine große Küche mit Keller und die geschilderte offene Halle. In der oberen Etage gab es einen langen Flur mit sieben Zimmern für die Kinder und deren Fräuleins. Im Frühjahr 1914 wurde Einweihung gefeiert. Im September 1914 waren alle vier Söhne, jetzt siebzehn, achtzehn, neunzehn und zwanzig Jahre alt, die Schwiegersöhne und mein Großvater zu den Fahnen geeilt. Meine vereinsamte Großmutter mit meiner

Mutter und uns Kindern und oft auch Tante Hedwig mit ihren Kindern zogen jedes Jahr nun von Mai bis zum Oktober in dieses Haus.

Das Schwein, die Ziege und der Gemüsegarten halfen in diesen Kriegszeiten viele zu ernähren. Im Oktober 1918 starb meine Mutter, nach nur drei Tagen Krankheit, an der Grippe, und drei der Heldensöhne waren gefallen. Der vierte, Onkel Otto, war durch einen Flugzeugabsturz zum Krüppel geworden. Das alles brach dem Großvater das Herz. Er starb 1919 an Herzversagen. Auch nach 1918 bis 1922 zogen wir mutterlosen drei Grisebachkinder mit der Großmutter und einer Hauslehrerin nach Ahrenshoop und verbrachten auch jetzt nur die Wintermonate in Berlin. Dann mussten wir ins Gymnasium und ganz zu unserem Vater ziehen. Wir konnten nur noch in den Ferien in der Heimat sein. Bis 1922 verlor meine Großmutter durch die Inflation ihr gesamtes geerbtes Vermögen und wäre nun normalerweise als verarmte Witwe, die nichts gelernt hatte, als Klavier zu spielen, in den Haushalten ihrer Schwiegersöhne untergekrochen. Kein Schwiegersohn und keine Schwiegermutter wäre aber über eine solche Lösung glücklich gewesen. Da kam Tante Hedwig auf den Gedanken, ihre Kinder in Bad Doberan auf das Gymnasium zu schicken. Sie mietete dort im ehemaligen herzoglichen Palais eine große Wohnung, in der sich meine Großmutter mit den Möbeln aus dem in Berlin verkauften Haus einrichtete. Bis zum Jahre 1940 sind alle sechs Kinder der Tante Hedwig dort in die Schule gegangen. Meine Großmutter konnte aber weiter jedes Jahr von Mai bis Oktober in Ahrenshoop sein, weil meine Cousins und Cousinen von einer Haushälterin und einem Dienstmädchen versorgt wurden.

Im Ahrenshooper Haus verdiente sich meine Großmutter durch Zimmervermietung ihr Geld. In Doberan gab sie Klavierstunden, sobald sie im Rostocker Konservatorium die Lizenz dafür erworben hatte.

Nach Abschluss meiner Schulzeit in den dreißiger Jahren bin ich dann auch so oft wie möglich in dem Haus gewesen, um der Großmutter zu helfen. 1939 wurde mein Mann zum Zweiten Weltkrieg eingezogen, und ich zog während des Krieges ganz in das Haus. Die fehlenden Doppelfenster, der Mangel an Feuerung für die Kachelöfen machten einem im Winter sehr zu schaffen. Fließendes Wasser, Strom, ein Wasserklosett und eine Badewanne gab es dann allerdings schon. Im Oktober 1944 trafen die ersten ostpreußischen Flüchtlinge ein, im Februar 1945 kam meine kranke Großmutter mit mehreren kranken Verwandten aus Hinterpommern, und bei Kriegsende am 8. Mai 1945 steckten in dem Haus dreiundzwanzig Menschen mit dem ganzen Sack und Pack, das sie gerettet hatten. Ich hatte inzwischen vier Töchter. Die jüngste wurde in Ahrenshoop geboren. Im September 1946 starb die Großmutter. Drei Viertel des Hauses gehörten jetzt Tante Hedwig und Onkel Otto, je ein Zwölftel meinen Geschwistern und mir. Meine Wohnung in Rostock hatte ich aufgeben müssen. Alle Miterben wohnten 1945 im Westen. Sie waren verarmt, und niemand konnte sich mehr ein Sommerhaus leisten. Mein Bruder war noch in kanadischer Gefangenschaft. Im Einvernehmen mit Tante Hedwig kam Onkel Otto zu mir in das Haus, um zu versuchen, einen Käufer zu finden. In dieser Zeit war jedoch für niemanden an den Kauf dieses Hauses zu denken. Jedes im Augenblick leere Haus wurde, ohne die Besitzer zu fragen, mit Flüchtlingen und Vertriebenen gefüllt. Niemand hatte mehr Geld. Daran, dass sich irgendjemand wieder ein Sommerhaus hätte leisten können, war nicht zu denken. Onkel Otto schüttelte nur den Kopf über die Zustände in Ahrenshoop. Er bat mich, wenigstens weiter in dem Haus zu bleiben, damit es nicht beschlagnahmt wurde. Das fiel mir nicht leicht, denn mein Mann in Heidelberg war arbeitsunfähig und konnte uns kein Geld schicken, und ich hätte gerne sofort wieder Arbeit als Schauspielerin gefunden, um meine Kinder ernähren zu können. Da schlug Onkel Otto vor, das Eigentum an dem Haus auf mich zu übertragen, damit ich es vor der Enteignung bewahren könnte, die hier im Augenblick allen Eigentümern drohte, die nicht anwesend waren. Nachdem auch Tante Hedwig mich dazu drängte, das Angebot anzunehmen, erklärte ich mich dazu bereit.

Alle Miterben, auch 1948 mein Bruder, gingen zum Notar und übertrugen ihr Eigentum an dem Haus auf mich. Ich ließ mich aber nicht ins Grundbuch eintragen, weil ich noch Hoffnung hatte, dass sich die Zeiten ändern würden. Nun musste ich zusehen, wie ich mit dem Haus Geld verdienen konnte. Nachdem ich im Winter 1946/47 mit Russenschnaps einen lukrativen Schwarzhandel betrieben hatte, beantragte ich die Konzession zum Führen einer Gastwirtschaft. Die wurde mir gewährt, wenn ich auf Alkoholausschank verzichtete. Daraufhin richtete ich im Musikzimmer meiner Großmutter und der Halle das »Café Musikzimmer« ein. Die Flüchtlinge im Haus bekamen andere Quartiere. Ich konnte auch wieder Betten, allerdings nur für eine Mark pro Nacht, vermieten. Ich verkaufte selbst angefertigte Wackelpuddings aus dem Kartoffelmehl von Kartoffelschalen und Kaffee aus selbst gerösteten

Samen von Lupinen. Volle Flaschen mit Russenschnaps standen mit den Namen der Gäste versehen, denen sie gehörten, in der Speisekammer, und die Gäste zahlten mir ein Korkengeld dafür, dass sie in meinem Café an meinen Tischen sitzen und trinken durften. Der Wunsch, hier zu sitzen, wurde geweckt durch eine Jazzkapelle, die eine in Deutschland noch unbekannte Dixielandmusik spielte.

Da meine beiden großen Töchter die Oberschule besuchen sollten, zog ich im September 1949 nach Rostock und verpachtete das Haus mit dem Café Musikzimmer an meinen Kellner, einen gelernten Gastwirt. Im Dezember 1951 floh ich mit den vier Kindern, zwei Koffern, fünf Rucksäcken und fünf DM in der Tasche nach Heidelberg. Dem Pächter konnte ich mein Haus anvertrauen. Es war gut, dass mein Großvater noch im Grundbuch stand und elf Zwölftel der Erben im Westen lebten. Eigentum von »Westbesitzern« wurde damals noch nicht enteignet. Nur Republikflüchtigen nahm man sofort nach der Flucht ihr Eigentum ganz weg. Ich glaubte mein Haus in Sicherheit, für den Fall einer Wiedervereinigung. Im Herbst 1954 jedoch schrieb mir mein Pächter, er habe fliehen müssen. Man habe eine nachträgliche Steuer für jedes seit 1946 getrunkene Glas entrichten sollen. Ahrenshooper Freunde schrieben mir, der Pächter sei mit Sack und Pack kaum auf den Dampfer gestiegen und fortgefahren, da habe der Bürgermeister pflichtgemäß schon das Amt in Ribnitz von der Republikflucht unterrichtet, und die Volkspolizei sei gekommen, um das Haus zu besetzen. Jetzt habe man von der HO (Handelsorganisation der DDR) einen Gastwirt angestellt, der nun in meinem Haus wohne und das Café Musikzimmer weiter betreibe. Im Hintergarten habe sich ein Arzt in unserem kleinen Waschhäuschen eine Datscha für seine Urlaube eingerichtet. Von der Gemeinde hörte ich kein Wort.

Von 1957 bis 1969 wagten es meine beiden ältesten Töchter gelegentlich, heimlich nach Ahrenshoop zu fahren. Ein altes Ehepaar in Born, unserem Nachbardorf, erklärte die beiden für ihre Nichten und stellte Anträge, von ihnen besucht werden zu dürfen. So brachten mir meine Kinder gelegentlich Fotos und Nachrichten über das Haus. Das Musikzimmer, so wurde mir auch nach der Wende berichtet, blieb die ganzen Jahre über ein gut gehendes Tanzcafé, das von den HO-Gastwirten professionell und mit guten Musikern geführt wurde. Dann ereignete sich 1969 nach dem Besuch eines hohen Funktionärs mit seiner Frau etwas Seltsames. Eine Propangasflasche explodierte in der Küche. Die Abwässer des Hauses flossen in den Hintergarten und die benachbarten Grundstücke, als ob die Kläranlagen nicht gereinigt würden. Das Café wurde plötzlich wegen sanitärer Mängel geschlossen. Es wurden Kellner aus den benachbarten Gaststätten und Obdachlose ins Haus gesetzt. Fenster gingen zu Bruch. Der unbeschnittene Wein rankte bis über das Dach. Wäscheleinen, auf denen schmutzige Wäsche trocknete, hingen direkt vor der Front der Säulenhalle. Das letzte Bild, das meine Töchter 1969 heimbrachten, zeigte plötzlich ein ganz verwahrlostes, verrottetes Haus.

Seit 1968, so wurde mir erzählt, durften verdiente Parteigenossen sich in Ahrenshoop kleine Wochenenddatschen bauen oder kaufen. In der Nähe des Hohen Ufers entstand dadurch der so genannte »Millionärshügel«, wo lauter hohe Parteifunktionäre ihren Urlaub verbrachten. Die Frau unseres Funktionärs hatte sich das angesehen und abgelehnt, sich auch dort eine Datscha zu bauen. Da guckten einem ja alle anderen in die Fenster. Sie hatte im Café Interesse für mein Haus bekundet. Aber wie da rankommen? Immerhin gab es auch in der DDR Gesetze, nach denen der Kauf eines zweiten Wohnhauses auch für Funktionäre verboten war. Die Frau sagte zu einer Bekannten: »Leicht ist es nicht, das Haus zu kriegen. Aber man muss warten können. Passen Sie auf, in drei Jahren haben wir es.« Tatsächlich wurde dann 1973 das Haus zum Volkseigentum erklärt. Die Eigentumsrechte wurden der Gemeinde Ahrenshoop übertragen, und unser Funktionär durfte das Haus von der Gemeinde für einen Appel und ein Ei kaufen und eine Nutzungsurkunde für 1630 Quadratmeter sein Eigen nennen. Der Arzt, der seit 1954 umsonst in dem beschlagnahmten Waschhäuschen die Ferien verbracht hatte, durfte nun auch das Häuschen für 1000 Ostmark kaufen und die restlichen 970 Quadratmeter nutzen. Im Jahre 1974 wollte sich der Funktionär eine neue Kläranlage bauen und ließ kurzerhand 170 Quadratmeter des vom Arzt genutzten Gartens wieder auf sich übertragen. Jetzt erst wurden beide Gebäude grundbuchlich auf den Namen des Funktionärs und den des Arztes eingetragen.

Nach den dramatischen Ereignissen von 1989, die zur Wende führten, beantragten meine Töchter schon im Juli 1990 in Ribnitz für mich die Rückgabe meines Grundeigentums. 1992 entschied die erste Instanz, der Funktionär müsse das Haus zurückgeben, die Gemeinde müsse ihm den Kaufpreis zurückzahlen und mir den Garten wiedergeben. Der Arzt dürfe seine in meinem Garten ohne eigenen Zugang gefangene Datscha behalten, da ihm keine Unredlichkeit nachzuweisen sei. Der Funktionär legte gegen dieses Urteil Widerspruch ein, und 1994 entschied ein weiteres Gericht in Grimmen genauso wie das erste. Jetzt klagte der Funktionär beim Landgericht Schwerin sein Recht ein. Er war durch und durch von der Rechtmäßigkeit seines Erwerbs überzeugt. Aber mein Anwalt hatte ihm diesmal auch nachweisen können, dass er in Berlin ebenfalls ein volkseigenes Wohnhaus gekauft hatte und bewohnte. So wurde dann am 31. Januar 1996 beim Landgericht Schwerin endgültig beschlossen, dass mir mein Haus wieder gehörte. Nun forderte der Funktionär 150 000 DM von mir für die Rettung seines Hauses vor dem Verfall. Mein Anwalt einigte sich mit ihm auf die Zahlung von 75 000 DM, damit ich nicht noch einmal zwei Jahre warten musste.

Zweiundzwanzigstes Kapitel

Der Mönch

Am 16. Februar 1996 rief Annemaries Sohn an, Helmut Regen, sein Vater, sei heute gestorben. Besonders traurig machte mich daran, dass ich nach meiner Zeit in Stubbenhof nie wieder eine Gelegenheit gehabt hatte, ernsthaft mit ihm zu sprechen.

Ich hatte mich als Dreizehnjährige in das Gesicht eines Mönches verliebt, den Giorgione (1478 bis 1510) gemalt hatte. Bei meinem Vater hatte eine Kopie dieses Bildes gehangen. Ich hatte mir eine Reproduktion davon einrahmen lassen, die mein Leben lang bis heute in meinem Zimmer hängt. Ich glaubte in diesem Gesicht einen Ausdruck zu sehen, den der »Heile Geist« einem Menschen manchmal verleihen kann. Etwas sehr Lebendiges, Unvergängliches hatte ich darin entdeckt, und nicht der Mann in seinem äußeren Erscheinungsbild hatte meine Seele ergriffen, sondern der Geist, der von ihm ausstrahlte. Mir schien in diesem Ausdruck das Geheimnis offenbart zu sein, auf welche Weise Gott zu den Menschen sprechen lässt. Natürlich hätte ich darüber nicht sprechen können. Später glaubte ich diese Offenbarung in folgende Worte fassen zu können:

Das Bild

Ich sehe dich in einem alten Bild
und habe dich doch immer schon gesehen.
Du hast das ganze Leben mir erfüllt,
du ließest es und lässt es noch geschehen.

Du blickst durch uns hindurch in eine Welt,
die niemand kennt und niemand leben wird.
Wer hat dich mitten unter uns gestellt,
wie hat sich Leben in das Bild verirrt?

Ich weiß von dir so wenig und so viel.
Ich weiß, du gehst als Wunder und als Schein,
als Traum, als Sehnsucht und als Ziel
durch jedes Bild der Welt in mich hinein.

Nun hatte ich in Hinterpommern in Stubbenhof bei einem jungen Pfarrer, dem ich dort begegnet war, einen ähnlichen Gesichtsausdruck zu erkennen gemeint. Ich hatte geglaubt, dass er mir Antwort geben könne auf alle meine Fragen die Religion betreffend, die mich immer noch mehr quälten als andere Pubertierende, die von ihrer beginnenden Sexualität bedrängt werden. Dank meiner Erziehung durch eine Diakonissin und meiner fehlenden Neugier auf Fragen zur Sexualität hatte ich damals als Achtzehnjährige noch nicht die geringste Ahnung von dem, was alle Schulkameradinnen, meine Schwester und sogar mein drei Jahre jüngerer Bruder schon wussten. Ich stellte dem Pfarrer schriftlich Fragen, die ihn sehr verwirrten und die er nicht beantworten konnte. Da er sich nicht im Geringsten für mich als Frau interessierte und ihm ganz andere Ideale vorschwebten, hielt er meine Briefe vielleicht für plumpe Annäherungsversuche und befreite sich davon, indem er meine Tante bat, meine Briefe zu unterbinden. Für mich war dieses Missverständnis ein schwerer Schock gewesen, und als der Pfarrer bei einem Ball erstmals meine Schwester Annemarie erblickte und deutlich zu sehen war, dass bei beiden der »Blitz eingeschlagen« war und beide in dem anderen das gefunden hatten, was sie suchten, hatte ich geglaubt, mich umbringen zu müssen, nicht nur um der verlorenen Liebe willen, sondern auch aus Scham.

Dieser Helmut Regen war nun mein Schwager geworden, und seit seiner Hochzeit hatte ich ihn so gut wie nicht wieder gesehen. Annemarie und ich trafen 1943 noch einmal in Ahrenshoop zusammen. Dann sahen wir uns 1959 beim siebzigsten Geburtstag der Tante Hedwig, zu dessen Besuch sie die Ausnahmegenehmigung bekommen hatte, in den Westen zu reisen, dann 1970 zur Beerdigung unseres Vaters und zuletzt 1991 nach der Wende, als ich sie endlich einmal besuchen durfte. Wir hatten uns auch wenig geschrieben und, wie ich glaube, einander immer gründlich missverstanden. Mit meinem Schwager hatte ich 1991 das erste Mal wieder gesprochen. Den Gesichtsausdruck, den er in seiner Jugend für mich gehabt hatte, konnte ich nicht wieder entdecken. Er war sehr alt und dünn geworden. Man sah dem Ehepaar an, dass es ein sehr hartes Leben gemeinsam überstanden hatte. Während meines Besuches spürte ich es weniger, doch in den Briefen meiner Schwester kam immer wieder zum Ausdruck, dass sie Vorwürfe gegen mich im Herzen trug, aber verschwieg. Es war offensichtlich, dass die beiden durch die fünfundvierzig Jahre lange Hetze in der DDR gegen alle Westdeutschen doch beeinflusst und immer bereit waren, alles mögliche Schlimme zu glauben. Mein Schwager wusste nur von meiner Kritik an der Kirche im Jahr 1931 und nichts davon, wie lange und intensiv ich mich mit weiterem Suchen beschäftigt und was ich dabei gefunden hatte. In Gegenwart von Annemarie konnte ich solche Gespräche nicht führen. Klar war nur, dass sowohl die beiden von mir als auch ich von ihnen alles Mögliche glaubten, was erst durch jahrelanges miteinander Leben und einander Kennenlernen hätte ausgeräumt werden können. Sie schienen beide der alten DDR nachzutrauern, und dies Thema wollte ich nicht berühren. Mein Schwager hatte damals schon sehr elend und krank ausgesehen. Er war ja schon Ende achtzig.

So saß ich in Erinnerungen und Gedanken versunken in Neu-Isenburg auf meinem Sessel am Fenster zum Garten. In diesem Zimmer hörte man kein Geräusch und keine Erschütterung durch den Straßenverkehr. Ich hatte darin ein Bücherregal, das fest in die Öffnung einer herausgenommenen Tür eingebaut worden war. Es konnte durch nichts erschüttert werden. Auf dem Regal stand ein Foto meiner Tante Hedwig aus Stubbenhof, wo ich Helmut Regen kennen gelernt hatte. Das Foto befand sich in einem Rahmen auf einem metallenen Sockel, seit Jahren unbeweglich an der gleichen Stelle. Neben meinem Sessel war an der Wand eine mit einer Ziehharmonikahalterung befestigte Leselampe. Man konnte sie nach Bedarf hin und her schieben. Betty war gerade ins Zimmer gekommen und hatte mir das Mittagessen gebracht. Sie stand ruhig am Tisch, und ich saß auf dem Sessel, als ich ihr von dem Todesfall erzählte. Da fiel plötzlich der Sockel mit dem Bild meiner Tante Hedwig vom Regal auf den Boden. Keinerlei Erschütterung war vorausgegangen. Fassungslos und erschrocken sagte ich zu Betty: »Wer hat das runtergestoßen? War das vielleicht Helmut Regen?« Betty sagte: »Du spinnst, Mutti.« Und das glaubte ich selbst ja auch. Aber das Glas war kaputt, die Scherben lagen auf der Erde. Nachdem Betty wieder fortgegangen war, überlegte ich, wie denn auf natürliche Weise das Bild heruntergefallen sein könnte. Da fing plötzlich die Leselampe an der Wand neben meinem Stuhl heftig an, hin und her zu schwingen, als ob ihr jemand einen Stoß gegeben hätte. Ich hatte keinen Zweifel mehr, das war Helmut gewesen. Er wollte mir sagen, dass er nun alles verstanden habe. Ich fühlte mich unendlich beruhigt und von einer Last befreit. Auch die Missverständnisse mit meiner Schwester begriff ich seit jenem 16. Februar 1996. Jede von uns wird nach dem Tode vielleicht wissen, warum sie sich irrte.

Ich glaube nicht daran, dass es übernatürliche Ereignisse gibt. Die gesamte Natur, ob im Kosmos Lichtjahre entfernt oder von keinem Mikroskop mehr zu erkennen, ist für mich Gott, das ist für mich das, was die Religionen Gott nennen. Nichts, gar nichts kann ohne ihren Willen, ihren Geist und ihr Gesetz sich bewegen oder bewegt werden. Wir Menschen sind und bleiben immer Ton in der Hand der Schöpfer-Natur. Wenn wir etwas für ein Wunder halten, so erscheint es *uns* nur als Wunder. Es gibt und wird immer eine natürliche Erklärung dafür geben. Sie ist uns nur noch nicht bekannt. Was wir von Gott wissen oder glauben, ist immer nur das, was unser kleines Hirn hervorbringen kann. Aber was sind wir, gemessen an den Dimensionen der Schöpfung? Ich glaube, wenn unsere Sinne etwas wahrnehmen, so ist dies in jedem Fall ein durch Naturgesetze vollzogenes Ereignis gewesen. Dass nach Sterbefällen Bilder herunterfallen oder andere unerklärliche Dinge geschehen, ist vielfach wahrgenommen und erzählt worden. Es mag sein, dass manches davon erlogen war. Aber es gibt viele Menschen, die nicht lügen.

Dreiundzwanzigstes Kapitel

Die Besichtigung

Es war der 23. März 1996. Betty wollte mir noch das gelbe Band mit den schwarzen Punkten umbinden und den Blindenstock in die Hand drücken, den man mir wenige Tage zuvor zugeschickt hatte. Ich sagte: »Quatsch, das brauch ich nicht in Ahrenshoop. Ich hab ja euch und hab den Gehwagen. Habt ihr ihn im Kofferraum?« Dann ging es los. Nella saß am Steuer. Betty daneben und Susi mit mir hinten. Ich sah alles wie durch eine ölverschmierte Taucherbrille, deren Glas nur an den unteren seitlichen Rändern klar ist. Die seit fünfundvierzig Jahren nicht mehr gesehene Landschaft der ehemaligen DDR sah ich nur schemenhaft. Die vielen herrlichen Alleen, durch die wir in Mecklenburg kamen, konnte ich dennoch bewundern. Es nieselte, draußen war trübes Wetter, und überall lag noch etwas Schnee. Als Nella in Rostock anhielt und Betty den Wagenschlag öffnete, rief ich plötzlich ganz laut: »Guckt mal den Osterhasen!« Meine Töchter machten gleichzeitig »Pst!«, und Susi flüsterte: »Das ist doch der Anwalt.« Ein rotes Jackett mit weißer Hose darunter war mir wie ein großer Schokoladenosterhase erschienen, und die grüne Weste dazu, die der Anwalt gar nicht anhatte, glaubte ich auch noch gesehen zu haben. So unpassend war mir seine Kleidung bei diesem Wetter erschienen, dass mir die ganze Erscheinung völlig unwahrscheinlich vorkam. Mit dem Anwalt fuhren wir weiter, und nach einiger Zeit sagten meine Töchter: »Da ist schon die Kirche von Wustrow!« Dann kam Niehagen, dann Althagen. »Und da! Da ist Ahrenshoop.«

Früher hatte Ahrenshoop an der Grenze zwischen Mecklenburg und Pommern angefangen. Der Grenzweg hatte die anderen Dörfer entscheidend von unserem Ahrenshoop getrennt. Jetzt waren die Nachbardörfer eingemeindet. Kaum waren wir am Grenzweg, da bogen wir auch schon wieder rechts in den Paetowweg ein, wo unser Haus steht. Wie oft bin ich diese Dorfstraße auf dem Bürgersteig entlanggegangen oder mit dem Rad entlanggefahren. Wie oft habe ich meinen Bollerwagen über den sandigen Weg voller Schlaglöcher gezogen. Immer hatte das mindestens eine Viertelstunde gedauert, in der ich mich an den alten großen Pappeln, die rechts und links an der Dorfstraße standen, erfreute. Jetzt sagte ich nur: »Wo sind denn die Bäume?« Die Töchter sagten: »Die sind weg.« Da waren wir schon da. Die Straße war gepflastert, und Autos waren uns begegnet. Als Kinder sind wir zusammengelaufen und haben gestaunt, wenn es einem Auto gelungen war, durch den Matsch und die Schlaglöcher bis hierher zu gelangen. Wir hielten vor einem grünen eisernen Zaun mit einer kleinen eisernen Pforte für Fußgänger und einer großen für Autos. »Da ist ja schon Judiths Auto«, sagte Betty. Meine älteste Tochter Judith aus Berlin war schon vor uns eingetroffen. Betty half mir beim Aussteigen und holte den Gehwagen heraus, während der Anwalt, Nella und Susi schon den Plattenweg hinauf zum Haus gingen. Dort stand Judith mit der Tochter und dem Sohn des ranghöchsten Funktionärs der ehemaligen DDR. Ich vermisste das früher auf- und zuschwingende weiße hölzerne Gartenpförtchen. Ich vermisste den Klinkerweg, der früher mit seinen von Blumen eingerahmten zwei Treppenabsätzen direkt in die Säulenhalle des Hauses geführt hatte. Rechts und links davon waren Beete und Johannisbeersträucher gewesen. An ihrer Stelle befanden sich ein mit Schnee bedeckter Parkplatz und mehrere große Buchen. Drei Viertel des Hauses waren hinter einem großen Busch versteckt, sodass niemand mehr wie früher von der Straße in die Halle sehen konnte. Rechts von dem neuen Plattenweg für Autos standen immer noch mehrere alte Weiden, an denen meine Geschwister und ich und nach uns meine Töchter geschaukelt hatten. Man hat mir erzählt, ich hätte als Dreijährige auf der Schaukel gesessen und in befehlshaberischem Ton laut gerufen: »Onkel Otto, schaukele mich mal!« Als er nicht reagierte, hätte ich meinen Ruf wiederholt und schließlich noch energischer geschrien: »Bitte, lieber Onkel Otto! Du sollst mich schaukeln! So! Nun musst du!« Viele Jahre später, als meine kleinen Mädchen einmal schaukelten, warnte mich ein alter Tischler vor dem zu schwachen Ast, an dem die Schaukel hing. Ich meinte, die Mädchen seien ja noch klein und leicht. Er brummelte: »Na, na. Mitunter werden Kinder ganz plötzlich groß.«

Meine Töchter riefen: »So komm doch, Mutti.« Aber ich musste erst mein Gesicht an die Mauer dieses geliebten Hauses legen, um mich zu vergewissern, dass ich wirklich davor stand, nach fünfundvierzig Jahren. Dann ging ich zu den anderen. Es gab die Säulen noch, aber sie waren nicht mehr weiß, sondern braun gestrichen. Die Halle war auch nicht mehr offen, sondern hinter den Säulen war eine gläserne braune Sprossenwand mit einer braunen Tür. Die

Klinker der Eingangshalle waren einmal lila gewesen. Jetzt erschienen sie meinen Augen schwarz. Die Fenster der Innenwand, in welcher sich die frühere Eingangstür zum Haus befand, waren aus braunem undurchsichtigen Glas. Der hohe Funktionär muss sehr gefürchtet haben, dass man ihn oder seine Familie sehen könnte. Dass die früher offene Säulenhalle nun geschlossen war und sich an den Wänden Heizkörper befanden, war allerdings eine angenehme Überraschung. Was haben wir früher immer gefroren! Der Sohn und die Tochter des Funktionärs, beide wohl in den Vierzigern oder Anfang fünfzig, wollten mich ins Wohnzimmer führen, da Nella meine Blindheit erwähnt hatte. Aber ich fand mich auch so zurecht. Dieser Raum war früher einmal das große Musikzimmer meiner Großmutter gewesen. Jetzt stand an der Stelle des Flügels, den mein Mann und ich 1942 vor den Bomben gerettet und dort hingestellt hatten, ein dunkles Sofa mit großen dunklen Clubsesseln. Wo wir früher nur weiße luftige Mullgardinen hängen hatten, waren jetzt lange gelbe Stores mit schweren dunklen Übergardinen. Anstelle des Kachelofens gab es eine mit roten Ziegelsteinen eingesäumte Kaminimitation. Der darin befindliche Heizkörper war bemalt, als sei er ein offenes Feuer. Vorne stand dann noch ein Bauernesstisch mit Bauernstühlen und an den Wänden weitere Clubsessel. Anstelle des grünen Linoleums, das ich früher im Schweiße meines Angesichtes jedes Wochenende auf den Knien rutschend gewachst und gebohnert hatte, gab es jetzt erfreulicherweise einen Parkettboden. Den würde ich nur noch abschleifen und versiegeln lassen müssen. Entsetzt schienen plötzlich der Sohn und die Tochter über die mit Steinen eingeschlagenen Fensterscheiben, die sie angeblich erst heute bemerkten und deshalb nicht repariert hätten. Ich sagte: »Ach, das macht nichts, der Glaser muss sowieso kommen.« Heimlich machte mir das Hoffnung, dass ich den Ahrenshoopern vielleicht doch wieder willkommen sein würde, wenn sie die Fenster des Funktionärs mit Steinen eingeworfen hatten. Ich ließ den Anwalt mit dem Sohn und der Tochter verhandeln und ging mit meinem Gehwagen durch die zwei weiteren Zimmer und die Küche der unteren Etage. Aus Küchennebenräumen hatte der Funktionär sich ein zweites Bad machen lassen. Ein früher offener Vorraum, in dem wir Holz gestapelt hatten und in dem sich ein Plumpsklo und Kaninchenställe befunden hatten, war jetzt geschlossen, und man hatte daher einen praktischen Arbeitsraum. Die oberen Zimmer waren weniger kostbar eingerichtet, und in jedem der Räume lag auf dem Fußboden scheußliches und immer andersfarbenes Igelit. Handwerker, die später ins Haus kamen, waren erstaunt, dass selbst ein so hoher Funktionär sein Haus nicht besser hatte ausstatten können. Elektroleitungen und Heizungsrohre waren nirgends unter Putz.

Meine Tochter Susi war sechs Jahre alt gewesen, als wir von dort nach Rostock zogen. Sie hatte keine Erinnerung an die Einrichtung. Aber sie steuerte geradewegs auf das Zimmer zu, in welchem die Familie Wilhelm aus dem Sudetenland zu viert mit nur zwei Betten, einem Tisch, einem Schrank und einem Kanonenofen zwei Jahre hatte hausen müssen. Von den Frauen dieser Familie war sie zum Trost für deren heimwehkranke Herzen sehr verzärtelt und geliebt worden. Der Flur mit seinen wunderhübschen Wandschränken, in denen sich alle Frauen vor den Russen versteckt hatten, war noch der alte. Auch die schönen Türen im ganzen Haus, deren Schnitzereien nach der Vorlage meines Vaters im Jahre 1913 angefertigt worden waren, lebten noch. Man hatte sie nicht entfernt.

Nachdem mein Anwalt mit den Funktionärskindern verhandelt hatte, kam ich auch mit der Tochter ins Gespräch. Sie muss gespürt haben, ohne dass ich ein Wort darüber verlauten ließ, dass ich einiges gegen die Handlungsweise ihres Vaters einzuwenden gehabt hatte, denn sie sagte unvermittelt: »Ich kann Ihnen gar nicht sagen, was mein Vater für ein lieber und freundlicher Mensch ist. Es tut mir so Leid, dass Sie ihn nicht kennen lernen können.« Ich dachte im Stillen, auch viele führende Nazis waren oft treu sorgende Gatten und Väter. Sie hatte man so programmiert, dass sie den Massenmord an Juden für eine gute Tat hielten, die der Hygiene diente. Sie fühlten sich dabei nicht schlechter, als wenn sie Ratten getötet hätten. Die SED-Funktionäre konnten treu sorgende, gute Väter sein, aber das Stehlen war für sie keine Sünde, wenn sie es selbst taten. Das Eigentum von Kapitalisten war für sie natürlich immer Diebesgut, in ihren eigenen Händen aber Volkseigentum. Sie hatten auch das beste Gewissen der Welt.

Die Kinder des Funktionärs taten mir doch irgendwie Leid. Sie konnten ja nichts dafür. Beide waren erst vor vierundzwanzig Jahren in dieses Haus gekommen. Aber sie hatten Kinder, und für diese Kinder war dieses Haus wie für mich zeitlebens ein Ferienparadies gewesen. Es musste ihnen ungerecht und schmerzlich vorkommen, es wieder herzugeben. Ich sagte zur Tochter: »Es tut mir Leid für Ihre Kinder, dies Ferienparadies wieder zu verlieren. Sie können aber doch, wenn Sie wollen, jedes Jahr nach Ahrenshoop kommen. Meine Kinder haben kein Ferienparadies, sondern eine Heimat verloren, in der sie aufgewachsen und zum Teil auch geboren sind, und sie konnten fünfundvierzig Jahre nicht nach Ahrenshoop kommen. Vielleicht können Ihre Kinder das verstehen und sind dann nicht ganz so böse auf uns.« Die Tochter meinte daraufhin: »Wenn wir das gewusst hätten, dass Sie so nett sind, hätten wir nicht so lange mit Ihnen gekämpft.« Vielleicht hat sie geglaubt, das Feindbild »Kapitalist«, gegen den jedes Mittel recht ist, träfe auf alle Bürger der Bundesrepublik zu.

Die Geschwister fragten mich dann noch, ob ich ihnen die Wohnungseinrichtung abkaufen würde. Sie wüssten nicht, wohin mit den Möbeln. Ich aber sagte, nachdem ich bemerkte, wie meine Töchter die Köpfe schüttelten, wir würden das Haus lieber leer haben und so einrichten, wie es früher war. Etwas plötzlich mussten wir dann das Haus verlassen und in ein Restaurant gehen, als wir bemerkten, dass im Haus alle Toiletten durch den Winterfrost zersprungen und unbrauchbar geworden waren.

Wir fuhren dann alle zu Judith nach Berlin, und Nella, Betty, Susi und ich kehrten am nächsten Tag nach Frankfurt am Main zurück. Das war das erste Wiedersehen nach fünfundvierzig Jahren. Ich hatte den Tag sehr gefürchtet. Ich dachte, ich würde mir vorkommen wie jemand, der eine Leiche ausgräbt, die er jahrelang betrauert und deren Verlust er nun verwunden hatte. Ganz so schlimm war es nicht gewesen. Aber meine Gefühle nach dieser Reise konnte ich noch nicht beschreiben.

Vierundzwanzigstes Kapitel

Vier Töchter, eine Mutter und ein Haus

Nach der Besichtigung, bei der Nella alle Zimmer des Hauses in dem Zustand fotografiert hatte, in dem wir sie vorfanden, begannen wir, Pläne zu schmieden. Aus Angst, man würde uns das Haus doch nicht zurückgeben, hatte keine von uns für den Fall vorgesorgt, dass wir plötzlich viel Geld für die Renovierung eines Hauses und dessen Neumöblierung würden brauchen müssen. Falls eine von uns Ersparnisse hatte, so waren diese angelegt. Bei jeder Tochter war die Vermögenslage eine andere. Die einen konnten viel, die anderen nur wenig frei machen.

Ich war immer stolz darauf gewesen, nie Schulden gemacht oder Geld von irgendjemand angenommen zu haben, und auch darauf, dass wir alle in Geldangelegenheiten voneinander unabhängig waren. Meine Töchter hatten zwar immer alle ihr Bestes getan, um mich zu entlasten, jede von ihnen hatte insgeheim Pläne gemacht und Vorsorge getroffen, dass ich bei Hilfsbedürftigkeit einmal bei ihr wohnen könnte. Ich hatte mich aber immer daran erinnert, was Susi als Fünfjährige einmal in aller Unschuld sagte. Die Kinder hatten sich darum gestritten, bei wem ich einmal wohnen sollte, und als ich sagte, wahrscheinlich bei keiner, hatte Susi empört gerufen: »Das ist aber gemein, Mutti, da muss ich mir ja ein Dienstmädchen nehmen.« Offensichtlich hatte sie genau beobachtet, wie das in anderen Familien üblicherweise zuging. Eine bei einer Tochter oder bei einem Sohn aufgenommene Mutter fühlte sich stets verpflichtet, zum Dank dafür eine Art Dienstmädchenrolle zu übernehmen. Eine solche Situation war für mich eine entsetzliche Vorstellung. Kinder können sich offensichtlich niemals ein nicht ganz auf sie bezogenes Leben ihrer Mütter vorstellen, und diese sind durch die beim Menschen ungewöhnlich lange Kindheit so daran gewöhnt, ihren Söhnen und Töchtern zu dienen, dass sie später direkt ein Bedürfnis danach haben. Mir fehlte dieses Bedürfnis völlig. Als Nella und ich Max gemeinsam erzogen, hatten wir immer unsere getrennten Wohnungen gehabt und uns um den Haushalt der anderen nicht gekümmert. So gab es auch nie Konflikte. Unser aller Unabhängigkeitsbedürfnis war ungewöhnlich stark. Die Notjahre hatten uns fünf zu einer festen Gemeinschaft zusammengeschweißt. Wir hingen alle sehr aneinander und besuchten uns so häufig wie möglich. Jeder Enkel fühlte sich bei jeder der Tanten wie zu Hause. Aber seit meine Töchter zu Hause ausgezogen waren, hat keine irgendeinen Rat oder eine Hilfe in finanziellen Angelegenheiten von mir oder den Schwestern in Anspruch genommen. Kleidung, Wohnungseinrichtung und Geldangelegenheiten waren niemals ein Gesprächsthema gewesen. Ihr Leben lang war es nicht anders gewesen, als dass alle danach strebten, nicht so arm zu werden wie ich. Sie waren gewohnt, dass sie eine Mutter hatten, die keinerlei Eigentum besaß, aber auch keinerlei eigene Bedürfnisse hatte. Als die ersten Buchhonorare eintrafen, rieten sie mir alle: »Erfüll dir doch nun endlich einmal Wünsche. Mach doch mal Reisen. Kauf dir doch mal, was du gerne hättest.«

Aber ich legte das Geld auf die Sparkasse und sagte: »Nee, nee, das werde ich fürs Alter noch brauchen.« Dann lachten sie und sagten: »Du bist doch schon alt, wann willst du denn endlich mal leben?« Ich musste mich fragen, hab ich etwas im Leben versäumt, weil ich nie Reisen gemacht habe, mir nie etwas Schönes gekauft habe? Hatte ich überhaupt schon einmal richtig gelebt, fragte ich mich und musste mir sagen: Ja, doch, ich hatte gelebt und ausgekostet, was *Leben* für ein Geschenk ist. Das war erstens in der Zeit gewesen, als ich selbst noch Kind war, und das war in der Zeit gewesen, als meine eigenen Kinder noch von mir abhängig gewesen waren. Wie sehr hatte ich diese kleinen Geschöpfe geliebt und war von ihnen geliebt worden!

Meine Kinder

Als ihr noch mein Eigen wart,
hattet ihr 'ne Eigenart.
Des Morgens krocht ihr alle vier
aus eurem Bett hinein zu mir.
Dann zanktet ihr euch eine Weile
um alle meine Körperteile.
Wer einen Arm von mir umschlungen,
der hatte einen Sieg errungen.
Die Wange an der meinen reiben
hieß ohne eine Decke bleiben.
War's kalt, so nahm man sich die Beine,
da war man warm, jedoch alleine.
Die Kleinste hat dann unbestritten
immer auf dem Bauch geritten.

Wie war ich doch von euch entzückt,
ich liebte jede wie verrückt.
Heut seid ihr alle reife Damen,
die nie zu mir ins Bett mehr kamen,
die auch zu viert in keins mehr passen,
wir müssen Schmusereien lassen.
Die Nabelschnur ist durchgeschnitten,
ihr seid mir aus dem Haus geglitten.
Ein jede lebt jetzt ganz alleine,
kein Mensch umklammert meine Beine.

Das Merkwürdige ist, dass diese Zeit des großen Mutterglücks genau in die Zeit fiel, in der wir die allergrößte Not litten und ich fast mehr arbeiten musste, als ein Mensch leisten kann. Ich bin überzeugt, dass auch das Paradies eine Zeit größter Entbehrungen, fortwährender Gefahren und vieler körperlicher und seelischer Schmerzen gewesen ist. Da waren Trauer und Freude, Schmerz und Lust, Hass und Liebe, Hunger und Sättigung, Kälte und Hitze, Krankheit und Gesundheit, Armut und Reichtum, Angst und Furchtlosigkeit, kurz, alle Gegensätze menschlicher Erlebnismöglichkeiten noch nicht in *böse* und *gute* eingeteilt. Das Bewusstsein nahm sie kritiklos an, und auch das so genannte Böse war *gut*, war *Leben*. Das Gute vom Bösen getrennt kann man nicht mehr als Gutes empfinden. Ohne Dunkelheit würden wir nicht wissen, was Licht ist.

Ahrenshoop war für mich und auch für meine Kinder ein Paradies gewesen. Jetzt tat sich das Tor wieder auf, und nun kam es darauf an, ob wir uns des Wunders, wieder eintreten zu dürfen, würdig erweisen würden. Wir erkannten zuerst nicht wieder, was wir sahen. Jede von uns hatte eine in fünfundvierzig Jahren nach dem Maß unseres jeweiligen Charakters zugeschnittene Erinnerung an das Haus gehabt. Sein erster Anblick mit der Einrichtung nach dem Geschmack des Herrn G. und seiner Frau hatte uns entsetzt. Sofort holte jede von uns die Erinnerung hervor, die sie bewahrt hatte, und machte in Gedanken Pläne, dies Bild wiederherzustellen. Es ist in allen Familien ein immer wiederkehrender Grund zum Streit, klarzustellen, wie sich etwas *wirklich* verhalten habe. In der falschen Annahme, das Gehirn bewahre Videofilme auf, behauptet jeder, Recht zu haben darin, wie er sich erinnert.

Neben dem Wunsch, dass alles wieder so würde, wie es einmal gewesen war (und wie gesagt, jede hatte davon andere Vorstellungen), stand die Forderung, dass die Neugestaltung und Einrichtung so wenig wie möglich kosten sollte. Die einen waren für den Kauf alter Möbel aus Versteigerungen und Wohnungsauflösungen. Die anderen für den Kauf neuer Möbel. Die einen sagten, billig gekauft ist dreimal gekauft, die anderen meinten, man könne zuerst das Billige kaufen und es später durch Haltbareres ersetzen. Die einen meinten, das Haus könne ohne ständige Vermietung von Zimmern nicht erhalten werden, die anderen weigerten sich, ihr Paradies mit Fremden zu teilen. Die einen hielten jenen Umbau für unbedingt erforderlich, die anderen einen anderen. Die einen konnten so viel Geld, die anderen nur so viel zur Verfügung stellen. Jede der vier Töchter, die es alle nicht anders kannten, als dass sie in derartigen Angelegenheiten selbständig entschieden, erwartete keinerlei Widerspruch gegen die von ihr für dringend erforderlich gehaltenen oder als unnötig empfundenen Maßnahmen zur Restaurierung und Neueinrichtung des Hauses. Es war für uns alle eine traurige Überraschung, dass keine mit den Plänen der anderen einverstanden war und es unerwartet immer wieder zu heftigen Auseinandersetzungen kam. Vielleicht sind Frauen weniger teamfähig als Männer, oder meine Töchter sind von ihrer Natur her nicht geeignet für eine Sozietät, jedenfalls wurden schon die Tage des Planens vom 23. März bis zum 1. Mai oft unerfreulich. Am seltsamsten war für mich dabei meine Rolle. Ich war blind, schwer gehbehindert und herzkrank. Es war für meine Töchter klar, dass ich, auf ihre Hilfe angewiesen, in all diesen Angelegenheiten keine eigenen Bedürfnisse und Wünsche mehr hatte und sie das allein untereinander klären müssten. Wenn sie von dem Haus sprachen, sagte jede *»unser Haus«*, wenn nicht sogar versehentlich *»mein Haus«*. Niemals kam einer in den Sinn, von *»Muttis Haus«* zu sprechen. Sie waren alle überzeugt, ich würde in Neu-Isenburg unter ihrer Pflege bleiben, und waren jedes Mal erstaunt, wenn ich auch ein Wörtchen mitreden wollte. Sie kannten nur Mütter und Großmütter meines Alters, die in einem Heim lebten oder bei einem ihrer Kinder aufgehoben waren. So erging es eben nach ihrer Meinung allen alten Leuten. Immerhin war ich ja vor kurzem Urgroßmutter geworden.

Die Urgroßmutter

Viele Urgroßmütter leiden,
und sie jammern Tag und Nacht,
und um solches zu vermeiden,
werden sie ins Heim gebracht.
Aber solche, die nicht klagen,

die trotz ihres Alters wagen,
immer noch was mit zu sagen,
kann man auch nur schwer ertragen.

Es ist in der Natur nicht vorgesehen, dass Menschen so alt werden. Für jedes Alter ist mit Instinkten vorgesorgt. Das Kind hängt instinktiv an der Mutter. Der junge Mensch löst sich instinktiv von den Eltern und sucht instinktiv einen Partner. Die Frau schützt instinktiv ihre Kinder, der Mann schützt instinktiv die Frau. Die gute Behandlung der Großeltern ist nicht immer durch Instinkte abgesichert, aber das vierte Gebot, du sollst deinen Vater und deine Mutter ehren, ist bei den Menschen schon fast ein Instinkt geworden. Doch Urgroßmütter sind weder in den Instinkten noch in den Geboten vorgesehen. Da entscheidet allein die Herzensbildung und die allgemeine Menschlichkeit, ob man sie weiterhin als Mitmenschen oder als Ballast empfindet.

Das vierte Gebot

Alt wird, wer die Alten ehrt,
hat uns Moses schon gelehrt.
Aber alte Greise lieben,
hat er uns nicht vorgeschrieben.

Ich erlebte jetzt, dass meine Töchter, die mir bisher nur Liebe entgegengebracht hatten, durch meine Einmischung in die Angelegenheiten des Ahrenshooper Hauses irritiert waren. Mit der völlig neuen Situation, dass ich einmal die Eigentümerin von etwas war, wurden weder sie noch ich richtig fertig. Ich musste nicht nur ihnen, sondern auch mir häufig sagen: »Es ist noch nicht euer Haus. Vorläufig gehört es noch mir.« Sie meinten dann, ich sei zu altmodisch, um darüber entscheiden zu können, was heute Standard und unbedingt nötig sei. Jede wollte nur das Beste.

Erst einmal mussten wir noch mit dem Einzug warten. Die Wolken der Missstimmungen verzogen sich, es wurde hell, es wurde Frühling, wir liebten uns, und wir liebten das Haus und Ahrenshoop.

Fünfundzwanzigstes Kapitel

Meine Damen!

Im Mai 1996 war es nun so weit. Die Vorhut, zwei Töchter und ein Enkel, mit einem Scheck von 75 000 Mark für die Auslagen des »armen« Herrn G. in der Tasche, fuhren nach Ahrenshoop. Dort wurde ihnen das Haus besenrein und leer geräumt, aber noch mit zersprungenen und unbrauchbaren Toiletten übergeben. Zum Schlafen hatten sie sich Matratzen mitgenommen, und in der Garage fanden sie einen alten Tisch und eine Bank. Wegen der vielen zersprungenen Fensterscheiben war es kalt, aber sie hatten vorsichtshalber auch einen Ölradiator mitgenommen, an dem sie sich aufwärmen konnten. Wir waren inzwischen einigermaßen darin übereingekommen, wie wir es machen wollten. Die strittige Frage, ob wir weitere Toiletten und Nasszellen in das Haus einbauen lassen wollten, sollte durch das Urteil eines Fachmannes entschieden werden, der uns sagte, ob ein solcher Umbau in unserem alten Haus überhaupt möglich sei.

Wir hatten ein Buch meines Vaters gefunden, in dem die Grundrisse seiner Häuser, also auch die des Ahrenshooper Hauses, abgebildet waren. So besaßen wir die genauen Maße aller Räume. In einer Tochter war plötzlich die Innenarchitektin erwacht. Mit Feuereifer skizzierte sie auf unzähligen Zetteln jeden Raum im genauen Maßstab, schnitt aus Papier gedachte Möbel aus und sah im Kopf schon das ganze Haus vor sich, wie es dann aussehen würde. Sie hatte schon eingezeichnet, wo jeder Lichtschalter zu sitzen habe, welche Wasserleitungen hier oder dorthin verlegt, welche Wände durchbrochen werden müssten. Wir alle wussten, dass sie ihr eigenes Haus mit sehr viel Geschmack eingerichtet hatte, und die Schwestern waren überzeugt, dass es in Fragen des Geschmackes keine Meinungsverschiedenheiten unter ihnen geben könnte. Die Schwestern waren ja auch sehr schön eingerichtet, und keine hatte jemals die Wohnung der anderen, was den Geschmack betrifft, beanstandet. Es hatte sich aber auch keine darum gekümmert, was die anderen machten und wie sie sich einrichteten.

Für die im Haus eingetroffene Vorhut war aber vorläufig noch nicht an Einrichtung zu denken, jetzt musste erst einmal repariert, renoviert und eine Gasheizung eingebaut werden. Einen Glaser zu finden, der die eingeworfenen Fensterscheiben und die schrecklichen dunklen Scheiben in den Sprossenfenstern und -türen durch normales Glas ersetzte, war leicht. Noch während der Anwesenheit der Vorhut war diese Arbeit erledigt. Dann wurde der Installateur bestellt, der den Auftrag erhielt, eine Gasheizung in den Keller zu bauen und die entscheidende Frage zu prüfen, ob im Haus ein Umbau zur Einrichtung neuer Toiletten und Duschen möglich sei. Zu diesem Zweck wurde sogar noch ein zweiter Fachmann hinzugezogen. Die Gasheizung war nötig, da wir nicht reich genug waren, um wie Herr G. einen Mann anzustellen, der täglich die Holz- und Kohleheizung mit Feuerung versorgte. Herr G. hatte einen fest angestellten Gärtner gehabt, der auch diese Hausmeisterdienste versah und uns am Tage der Besichtigung fragte, ob wir ihn nicht auch anstellen könnten. Nein, wir hatten keine Partei wie Herr G. hinter uns, die uns alle Unkosten bezahlte, welche das Haus verursachte.

Drei von uns, darunter ich, waren der Meinung, dass wir unbedingt mindestens zwei Zimmer an Touristen vermieten müssten, um die jährlichen normalen Kosten dieses Sommerhauses zu decken. Wir glaubten, die Zukunft sei zu unsicher, um sich darauf verlassen zu können, dass die Geschwister später, als Erben, immer genug Geld für ein Sommerhaus hätten. Mein Wunsch war, dass sie nie gezwungen sein müssten, das Haus wegen Streitigkeiten um Geld zu verkaufen. Die anderen beiden hatten in ihrer Kindheit derartig unter den vielen Fremden gelitten, die als Flüchtlinge in unser Haus gesetzt worden waren, dass sie meinten, es würde auch ohne Vermietung glücken, das Haus ganz für uns zu behalten. Jetzt kam es auf die Auskunft der Handwerker an. Wir wollten eigentlich bei allen strittigen Fragen demokratisch entscheiden. Es stand aber von vornherein fest, dass jede strittige Frage deshalb strittig sein würde, weil zwei hofften, nicht vermieten zu müssen, und für den privaten Gebrauch deshalb die billigste Lösung wählen würden, die anderen drei aber immer an die künftigen Sommergäste dachten und darauf drangen, etwas einzurichten, was dem Standard von Touristenherbergen entsprach. Wäre ich im Management geübt gewesen, so hätte ich von vornherein merken müssen, dass meine Meinung von zwei der Töchter geteilt wurde, wir in einer Demokratie bei fünf Menschen immer die Mehrheit hatten und es daher einer »Abstimmung« über einzelne damit zusammenhängende Kleinigkeiten nicht bedurfte.

So musste ich jedes Mal einmal der einen, mal der anderen Tochter nachgeben, und alle litten unter meiner scheinbaren Wankelmütigkeit, denn auch der Konsens, die Handwerker entscheiden zu lassen, war nicht sehr klug gewesen.

Auch ohne zusätzliche Nasszellen war ich jedoch entschlossen, das Haus unbedingt in den Zustand zu bringen, dass es an Touristen vermietet werden konnte.

Nun hatte ich aber zwei Töchter vorausgeschickt, die gegensätzliche Meinungen vertraten. Als die beiden entscheidenden Handwerker kamen, trafen sie auf die beiden Schwestern mit den gegensätzlichen Hoffnungen. Die eine hoffte, dass Rohre für neue Toiletten und Duschen gefunden würden, die andere hoffte das Gegenteil. Eine der beiden ist eine dominante und selbstsichere Frau, während die andere mehr ein bescheidener, zurückhaltender Mensch ist. Für sie wäre ein Streit mit ihrer Schwester vor den Ohren der Handwerker undenkbar gewesen. Obwohl diese ihren Sohn an ihrer Seite hatte, der ganz ihrer Meinung war, konnte die andere den Männern suggerieren, ein Einbau von neuen Toiletten und Duschen sei doch wohl ganz und gar ausgeschlossen, das sähe man doch gleich. Die Männer waren feinfühlig genug zu spüren, welcher Kunde hier das Sagen hatte, und untersuchten das Haus im Hinblick auf den Einbau neuer Wasserrohre nur recht oberflächlich. Übereinstimmend erklärten sie, ohne Abriss und Neubau könnten hier tatsächlich keine Nasszellen eingebaut werden. (Es stellte sich vier Jahre später heraus, dass dies doch möglich war und wir eine kleine Wohnung mit Bad einrichten konnten.) Es wurde also zunächst nur die Erneuerung der vorhandenen zwei Toiletten bestellt. Das und der Einbau der Heizung würde eine Zeit lang dauern, und so reisten die drei vorläufig wieder ab. Die eine mit Grimm im Herzen, die andere triumphierend, der Enkel bedrückt. Dieser wollte pünktlich zu Hause sein, weil er abends etwas vorhatte. Die Tante wurde zur Eile gedrängt und musste früher aufstehen, als sie wollte. Im Auto legte sie sich auf den Rücksitz, um auszuschlafen. Der Enkel, der fuhr, sagte: »Schnall dich bitte an.« Die Tante hörte nicht. Die andere Schwester sagte: »Schnall dich an.« Die Tante hörte nicht. Nach dreifacher, immer ein wenig lauter vorgebrachter Wiederholung des Befehls, sich anzuschnallen, blieb der Enkel an einer Ausfahrt einfach stehen. »Was ist los, warum fahrt ihr nicht weiter?«, fragte die verschlafene Tante. »Wir dürfen doch nicht, ehe du nicht angeschnallt bist.« Kopfschüttelnd vor so viel Unverfrorenheit und Pedanterie ihres Neffen schnallte die Tante sich an.

Zur Mittagszeit ordnete sie an: »Ich mag nicht in einem Rasthof essen. Das ist immer so scheußlich. Fahr doch mal nach rechts in das hübsche Dörfchen da hinten mit dem netten Kirchturm.« Die Schwester wandte ein: »Das hält uns zu lange auf. Mein Junge will und muss um 18 Uhr zu Hause sein.« Alle drei begannen innerlich zu kochen. Die Tante bestand auf ihrem Wunsch, in das Dörfchen zu fahren, ihre Schwester und deren Sohn bestanden darauf, den Rasthof aufzusuchen. Damit die Diskussion nicht in Schreien ausartete, hielt der Enkel einfach vor dem nächsten Rasthof und ging mit seiner Mutter hinein. Wie sich nun seine bisher sehr geliebte Tante benahm, führte zu einem traurigen Liebesverlust des anhänglichen Neffen. Dabei bekam eine innere Nabelschnur Risse, welche die Tante bisher mit dem Neffen verbunden hatte. »Erzählt doch mal, wie war es denn?«, fragte ich bei ihrem Eintreffen. Aber drei fest verschlossene, ausdruckslose Gesichter blickten mich an, und alle sagten: »Frag mich nicht.«

Diese Reise war das erste Wetterleuchten vor einem Unwetter, das das ganze Jahr 1996, in dem das Haus renoviert und neu eingerichtet wurde, herrschte. Ich habe mich immer gefragt, warum die katholische Kirche das Fegefeuer erfunden hat, in das alle guten und bösen Seelen geraten, bevor sich entscheidet, ob sie in den Himmel kommen. Wir standen jetzt sozusagen vor der Pforte des Himmels, und das ganze Jahr 1996 wurde für die meisten von uns, besonders aber für mich, ein Fegefeuer. Meine vier geliebten und einander liebenden Töchter verwickelten auch mich in ihren Streit, der oft so temperamentvoll geführt wurde, dass einige im Eifer des Gefechtes sehr kränkende und beleidigende Worte aussprachen. Es zeigte sich, dass die unbewussten Eigenschaften von Herdentieren, die ohne Führung eines Leithammels sich gegenseitig zerfleischen, auch im besten Menschen schlummern. Ich spürte, dass mir jede Begabung fehlte, ein »Leithammel« zu sein. Jedes Mal, wenn ich den Argumenten einer Tochter zustimmte, empfand die andere Tochter das so, als sei ich eine parteiische, lieblose und ungerechte Mutter oder aber, als sei ich eben leider schon senil. Bis dahin hatte ich mir eingebildet, ich stünde als Dreiundachtzigjährige längst über allen irdischen Nebensächlichkeiten, und musste nun erkennen, woran es mir bis dahin doch immer noch gefehlt hatte. Ich lernte in diesem Fegefeuer alle meine »Sünden« kennen und viele Irrtümer zu berichtigen. Mein bis dahin fester Glaube an die Richtigkeit antiautoritärer Erziehung geriet ins Wanken. Meine Nachgiebigkeit, die ich bisher für eine meiner Tugenden gehalten hatte, erschien mir jetzt als Fehler. Sie war nicht Liebe gewesen, sondern Schwäche und eine Pflichtverletzung gegenüber meiner Aufgabe als Mutter, ein Leittier zu sein.

Niemals hatte es bisher unter uns Streit gegeben. Meinungsverschiedenheiten waren immer schnell ausgeräumt, weil ich die Kinder schon von Anfang an gelehrt hatte, die Ansichten anderer zu respektieren und zu tolerieren. Zu mir sagte einmal eine Cousine: »Die Grisebachs sind alle so fanatisch.« Etwas beleidigt fragte ich: »Worin besteht denn *mein* Fanatismus?« Da dachte sie eine Weile nach und sagte: »Du bist fanatisch tolerant.« Hier in Ahrenshoop, der wiedergewonnenen Heimat, war ein völlig neues Phänomen entstanden. Hier konnte keine sagen: »Das geht mich nichts an, sollen die anderen entscheiden, wie sie wollen, mir ist alles recht.« Bestenfalls die Jüngste konnte gelegentlich so denken. In ihrem Kopf gab es keine schon fest eingerahmten, fertigen Bilder von dem Haus. Sie war zu klein gewesen, als wir fortgingen. Als wir nun in diesem Sommer nach und nach einmal allein, einmal zu zweit oder zu dritt hier kampiert hatten, waren in jeder von uns lange verschlossene und begrabene Erinnerungen wach geworden. Nach der ersten Nacht, die ich in meinem Hause schlief, machte ich folgendes Gedicht:

Rückkehr in die Kindheit

Es sind dieselben Bäume,
nur mit neuen Ästen.
Es sind dieselben Räume,
nur mit anderen Gästen.

Hier hab ich manche Träne schon vergossen,
die oft um Kindereien flossen,
hier schallte mein Gelächter von den Wänden,
dort trug ich Klettenkörbchen in den Händen,
hier grub ich einmal eine Kröte aus
und setzte sie danach im Brunnen aus.
Ich lehrte sie das Schwimmen eins, zwei, drei,
sie schwamm und lachte wie ein Mensch dabei.
Hier musste ich mich gegen Buben wehren,
versteckte mich in den Johannisbeeren.
Hier ist der Ort, wo Pusteblumen standen
und wir Indianer an die Bäume banden.
Wir tanzten alle um das Lagerfeuer,
versteckten uns in bröckelndem Gemäuer,
wir jagten Sklaven, nahmen sie gefangen,
die dann am Abend mit uns Lieder sangen.
Und warn die letzten Töne dann verklungen,
sind wir so fröhlich in das Bett gesprungen
und froh am andern Tage aufgewacht
und haben selig einen neuen Tag verbracht.

Ich hatte jetzt also nur noch positive Erinnerungen. Mir war nicht bewusst, dass ich die negativen Erinnerungen in den achtziger Jahren durch das Schreiben meines Buches verarbeitet hatte. Meinen Kindern erging es anders. Sie hatten fünfundvierzig Jahre nur schöne Erinnerungen gehabt, diese aber auch verdrängt, um nicht wieder Heimweh zu bekommen. Für sie war die Rückkehr so unerwartet gekommen wie dem Jungen mit den Siebenmeilenstiefeln, der um die Erde gelaufen war. Unter Geschwistern gibt es ja immer Spannungen. Jeder muss den anderen in seiner

Andersartigkeit ertragen und respektieren lernen, auf welcher Stufe der Hierarchieleiter er auch steht. In der Kindheit entscheidet darüber das Alter. Später nicht mehr. Meine Töchter waren neunundfünfzig, achtundfünfzig, vierundfünfzig und zweiundfünfzig Jahre alt. Jetzt musste erstmals seit fünfundvierzig Jahren wieder eine Hierarchie hergestellt werden. Das war allen neu.

Ich hatte als junge Mutter nichts von der Wichtigkeit kindlicher Streitereien gewusst, die dazu dienen, Spannungen durch Blitz, Donner und Regen abzubauen, sondern versucht, Gewitter zu verhindern. Ich hatte die Methode entwickelt, streitende Kinder in die Badestube zu führen und ihnen zu sagen, sie dürften nicht eher wieder herauskommen, als bis sie sich vertragen hätten. Ganz dialektisch wurde dort aus These und Antithese die einfache Synthese, dass Mutti die Schuld habe und »böse« sei. Der Liebe meiner Kinder gewiss, konnte ich das lächelnd hinnehmen, und es wurde auch schnell wieder vergessen. In diesem Jahr immer wieder ausbrechender heftiger Streitereien über die beste Art, das Haus zu renovieren und neu einzurichten, ließ sich die Synthese meiner Mitschuld oder meiner Schuld leicht darin finden, dass ich ja blind und alt und unmodern und ahnungslos gegenüber den Ansprüchen moderner Menschen sei.

Es war erstaunlich, was da alles aus dem tiefsten Unterbewusstsein wieder hervorbrach. Die eine wusste plötzlich, dass sie das Haus innen schon immer »scheußlich« gefunden und sich nur in der Natur wohl gefühlt habe. Die vielen Flüchtlinge, die alle Räume gefüllt hatten, hätten ihre Allergie gegen »Fremde« im Haus verursacht. Die andere erinnerte sich, dass ich schon immer »gemein« gegen sie gewesen sei. Ich hätte sie sogar einmal in die Besenkammer gesperrt. Immer hätten die anderen mehr Aufmerksamkeit bekommen als sie. Die dritte erinnerte sich, dass sie immer mitspielen wollte, was die beiden Großen spielten, und dass diese bösen Mädchen sie schon immer weggeschubst hatten und nicht mitspielen ließen. Die Jüngste erinnerte sich, dass sie immer zu der sudetendeutschen Bauersfrau habe laufen müssen, wenn sie Trost brauchte. Die habe sie dann an ihr Herz gedrückt und gesagt: »Komm zu Mutter, mein Kleines, deine Mutti ist bös.« Durch diese unverarbeiteten Erinnerungen entstanden jetzt Spannungen, die sich häufig in sehr kränkenden Worten entluden. Wir hatten, wie gesagt, keinerlei Übung im Streiten und standen dem hilflos gegenüber. Alle glaubten immer wieder, man könne eine Meinungsverschiedenheit dadurch entscheiden, dass man sachlich das Für und Wider erörtere und kläre, wer Recht habe. Das war insofern sinnlos, als jeder Meinung viel tiefere Ursachen zugrunde lagen als vorgegeben. Jede Einzelne hatte ihr eigenes, von den anderen unterschiedenes Interesse, und darüber war schwer zu sprechen.

Klarstellung

Ein Streit, um Dinge klarzustellen,
führt in den allermeisten Fällen
nicht zu dem Ziel, dass bei Konflikten
die Leute etwas klarer blickten.
Sehr häufig sieht man nun erst recht
die Dinge ganz besonders schlecht.

Es war zu der Zeit, als ich in Ahrenshoop war, um mich selbst ein wenig um die Arbeiten zu kümmern. Es war ein höchst unerfreulicher Tag gewesen. Zwei Töchter hatten sich über einige Kleinigkeiten außerordentlich erregt. Dabei waren unqualifizierte, kränkende Worte gefallen. Jetzt setzten wir uns auf die Bank vor dem einzigen Tisch in dem einzigen Zimmer, das mit dem Ölradiator etwas gewärmt war. Ich sagte: »Kinder, heut Abend wollen wir dies und das besprechen. Ich kann es aber nicht aushalten, wenn ihr wieder so streitet. Ich lege jetzt einmal mein Diktiergerät auf den Tisch. Dann wird unser Gespräch aufgenommen, und ihr könnt euch später selbst anhören, wie das klingt.«

Ganz gesittet fingen wir unsere Unterhaltung an. Langsam überkam meine Töchter die Nervosität des Vormittags, wo die eine dauernd etwas gesucht und immerfort nach der anderen gerufen und sie gefragt hatte, wo denn dies oder das sei. Diese hatte sich darüber geärgert, weil die andere mit einer Sonnenbrille herumlief und deshalb nie finden konnte, was sie gerade brauchte. Sie hatte auch jetzt noch eine auf, obwohl es schon dämmerte. Dieser Anblick allein erregte die Nervosität der Schwester. Es gab ein Hin und Her. Die eine wurde immer lauter als die andere. Ich hielt mir schon die Ohren zu, als die eine laut schrie: »Dann setz doch gefälligst deine Sonnenbrille ab.« Nun langte es mir. Ich stellte das Diktiergerät aus und sagte: »Gute Nacht. Ich geh jetzt schlafen. Ihr könnt euch das morgen anhören. Ich nehm das Diktiergerät mit.«

Wir vergaßen das Ding eine Zeit lang. Eines Tages aber setzten wir uns wieder zusammen, hörten es an, und nachdem der Schrei aus dem Diktiergerät ertönte »Dann setz doch gefälligst deine Sonnenbrille ab«, sagte eine vorwurfsvolle, warnende Männerstimme: »Meine Damen!« Dann war Ruhe. Welcher Mann hatte das gesagt? An dem Tag war kein Mann im Haus gewesen. Jetzt wurde darüber diskutiert, ob es Geister gäbe oder nicht. Die eine war davon überzeugt, die andere verneinte es. Das Wort »Meine Damen« hätte das Diktiergerät irgendwann aufgefangen, als ich mit dem Schachcomputer spielte, der ja sprechen kann. Ich habe alle Texte des Computers, die ihm eingegeben sind, durchprobiert. Er sagt niemals: »Meine Damen«, sondern immer nur so etwas wie weiße oder schwarze Dame von da nach dort. Das Diktiergerät könnte einmal aus Versehen angestellt worden sein, als ein Handwerker eintrat und uns begrüßte. Da es sich aber um etwas handelte, was am Ende einer Kassette aufgenommen war, müsste das Diktiergerät mehr als eine halbe Stunde lang unbemerkt gelaufen und nach dem Eintreten des Mannes abgestellt worden sein. An so etwas hätte ich mich erinnert. Dennoch kann ich nicht für möglich halten, dass wirklich eine Geisterstimme gesprochen hat. Auf irgendeine erklärliche Weise muss das Wort auf die Kassette geraten sein. Da sie aber gerade in dem Augenblick deutlich zu hören waren, als das Streitgespräch eskaliert war und die Töchter sich angeschrien hatten, ist das ein zwar sehr unwahrscheinlicher, aber immerhin erklärlicher Zufall.

Für mich ist das ein Beweis dafür, dass es oft die Zufälle sind, aus denen Geist, Wille und Gesetz Gottes sich bemerkbar machen. Der Zufall, dass die Worte »Meine Damen« in demselben Augenblick aus der Kassette hörbar wurden, als das Streitgespräch schloss, war ebenso ein Zufall wie das Öffnen der Mauer am 9. November 1989.

Mir wurde klar, dass wir mit allen Worten und Gedanken, die wir in uns tragen, mitverantwortlich gemacht werden oder zur Mithilfe aufgefordert sind, Gottes Schöpfung zu vervollständigen. Vor Gott ist es völlig gleich, ob wir an Gespenster glauben oder völlig kindliche und dumme Vorstellungen über die Beschaffenheit der Welt haben oder nicht. In jedem Jahrhundert weiß man mehr und vergisst man mehr. Solange wir nur ein menschliches Gehirn haben, können wir auch nur das wissen, was ein menschliches Gehirn begreifen kann und soll. Alles andere ist so viele Billionen Lichtjahre von den Möglichkeiten unseres Fassungsvermögens entfernt, dass es uns nichts angeht.

Am Ende dieses Jahres war das Haus fertig renoviert und fertig möbliert. Jede Tochter, alle erwachsenen Enkel und ich waren abwechselnd dort gewesen und hatten geholfen. Die heftigen Auseinandersetzungen, ob ein Wasserhahn hier oder dort angebracht, ob dies weiter oben oder weiter unten hängen, jenes groß oder lieber klein, das rot oder das blau sein sollte, hatten immer strittig geendet. Abstimmungen hatten keine befriedigende Lösung gebracht, da oft der Fünfte gerade nicht dabei war, und der alte Spruch »Viele Köche verderben den Brei« hatte sich immer zu bewahrheiten gedroht. Aber der Brei war nicht verdorben, das Haus war ein Patchwork geworden. In einem Zimmer hatte der Geschmack dieser Tochter gesiegt, im anderen der Geschmack der anderen, und ich fand alles schön und gut. Nicht schön und gut war aber, dass in dieser Zeit unendlich viel kostbares Porzellan zerschlagen worden war. Jede war von jeder beleidigt worden. Jede fühlte sich zurückgesetzt, von mir übergangen. Wenn sich zwei einigten, dann in der Überzeugung, dass ich schuld sei, kurz und gut, wir hatten uns alle miteinander benommen wie die Kinder und so, als ob ein böser Geist in uns gefahren wäre. Es war das reine Fegefeuer gewesen.

Jetzt wurde mir klar, wie es kommt, dass so unendlich viele Familien an Erbstreitigkeiten zerbrechen. Ich war immer überzeugt gewesen, so etwas könne uns nie passieren, weil es bei uns so ungewöhnlich wenig Streit gegeben hatte und wir immer so einig gewesen waren. Es liegt nicht an Hab- oder Geldgier. Habgierig war keine von uns. Es kommen bei solchen Gelegenheiten Kindheitserinnerungen nach oben, die eigentlich längst begraben und vergessen sind, und besetzen das Gefühlsleben. Meine selbstzufriedene Überzeugung, ich sei wenigstens eine außergewöhnlich gute Mutter gewesen, wenn auch schon sonst nichts aus mir geworden sei, ging zu Bruch. Die wichtigsten Instinkte in Herden sind die, welche der Herstellung der Hierarchie dienen. Keine Herde funktioniert, wenn jedes Tier erst mit jedem anderen diskutieren muss, was zu tun erforderlich ist. Zwischen uns fünf war die Frage der Hierarchie niemals aktuell gewesen. Die Notwendigkeiten sind es immer gewesen, die unser Tun von selbst bestimmten. Gemeinsam ein Haus einzurichten war niemals notwendig gewesen. Später lernte ich in Ahrenshoop einige Familien kennen, in denen auch mehrere Geschwister ein Heimathaus wiederbekommen hatten. Genau das Gleiche wie bei uns hatte sich auch dort abgespielt, auch da, wo es sich um Brüder handelte. Hier waren es allerdings mehr die Ehefrauen gewesen, bei denen die Hierarchie neu erkämpft werden musste. Diese Erkenntnis lehrte mich, dass bei uns nur dann wieder Frieden einkehren konnte, wenn ich allein die Führung übernahm. So kam der Friede erst dadurch zustande, dass ich allen Kindern alles Geld zurückzahlte, das sie in das Haus gesteckt hatten, und nun sagen konnte: »Es ist allein mein Haus, noch habt ihr nicht geerbt. Wir benötigen keine Abstimmungen. Es wird das getan, was ich für richtig halte. Sollte euch etwas zu altmodisch sein, so könnt ihr es ändern, wenn ich tot bin.«

Sechsundzwanzigstes Kapitel

Ich bleibe nun wieder in Ahrenshoop

Im Dezember 1996 beschlossen wir, Weihnachten noch in Neu-Isenburg, Silvester aber schon in Ahrenshoop zu feiern. Heiligabend war, anders als sonst, mit etwas gespielter Fröhlichkeit vergangen. Jeder von uns hatte heimlichen Groll im Herzen und gab sich Mühe, nichts davon merken zu lassen. Eine Tochter hatte mich und ihre Schwestern durch in der Erregung hingeworfene Worte so gekränkt, dass ich ihr schrieb, zur Silvester- und Einweihungsfeier in Ahrenshoop könne sie nur dann kommen, wenn sie sich vorher entschuldigte. Da ihr nicht bewusst war, was sie gesagt hatte, blieb sie fern, und die ganze Familie feierte die Einweihung an Silvester ohne sie. Ihr Fernbleiben gerade an diesem so bedeutsamen Tag war für uns alle sehr schmerzlich. Immer wieder musste ich den »Heilen Geist« in meinem Oberstübchen befragen, ob es richtig gewesen sei, an die Tochter die Forderung nach einer Entschuldigung zu stellen. Ich hätte ja wissen müssen, dass gerade diese Tochter niemals um Entschuldigung bitten würde, weil sie sich nicht daran erinnern konnte, was sie im Zorn gesagt hatte. Es war der erste Unfrieden in meiner Familie, und wir alle kamen schwer darüber hinweg.

Verletzungen

Kränkende Worte gleichen den Pfeilen.
Ihre Verletzungen können nur heilen,
wenn man den Widerhaken entfernt hat.
Das ist 'ne Kunst, die kaum jemand gelernt hat.
Kann so ein Pfeil in die Seele gelangen,
wird sich der Haken im Herzen verfangen.
Ob man mit Absicht geschossen, ob nicht,
fällt bei den Schmerzen nicht ins Gewicht.
Bei dem Versuch, ihn herauszureißen,
muss man die Zähne zusammenbeißen.
Der Verwundete schreit, sobald man dran rührt,
und hat eine neue Kränkung gespürt.
Wenn alle Versöhnungsversuche scheitern,
ist es am besten, man lässt es eitern.
Man schweigt und trennt sich für einige Zeit,
und eines Tages ist es so weit,
dann ist der Haken von selber verschwunden,
und die Verletzung ist überwunden.

Wir mussten jetzt einfach nur abwarten. Aber immerhin feierten wir Silvester und luden dazu alte Freunde und Nachbarn ein und genossen das schöne, so hübsch neu eingerichtete Haus. Draußen lag Schnee, und es war schwer, meinen Rollstuhl über die vereisten holprigen Wege zu schieben. Aber mit vereinten Kräften brachten drei Töchter mich doch auf die so genannte Schwedenschanze, von wo aus man einen so wunderschönen Blick über das weite Land, den Bodden und vor allem den von mir so geliebten Ahrenshooper Himmel hat. Wieder war ich dankbar für meine gnädige Art von Blindheit, mit der ich die Schönheiten der Landschaft zwar nicht in ihren Einzelheiten, aber doch als Gesamtbild in mich aufnehmen konnte. An den Strand konnte ich mit dem Rollstuhl wegen des Sandes nicht kommen, aber es gab eine Buhne, wo Holzplanken auf die Düne gelegt waren, sodass ich doch von weitem das Meer sehen und vor allem hören konnte. Das Gefühl, wieder zu Hause zu sein, überkam mich heftig. Ich ließ mich mit dem Rollstuhl auch durch unseren großen Garten und das nahe liegende Gelände fahren, und dabei kamen mir alle meine Kindheitserinnerungen zurück.

Ich beschloss, nie wieder hier wegzufahren und nun für immer in Ahrenshoop zu bleiben. Ich hatte bei der Herfahrt im Auto eine Reisetasche mitgenommen. Nun ließ ich in der Ostseezeitung inserieren, dass ich eine Haushälterin und Betreuerin suchte. Es meldeten sich acht Damen, und eine davon gefiel mir gut. Ich engagierte sie sofort, sie hatte auch gleich Zeit, und so überraschte ich meine Töchter mit dem Entschluss: »Ich fahre nicht wieder mit euch zurück, ich bleibe jetzt hier. Ich werde meine Wohnung in Neu-Isenburg noch ein halbes Jahr bezahlen, um auszuprobieren, ob ich wirklich im Winter in Ahrenshoop allein ohne euch leben kann. Wenn ich es schaffe, werde ich meine Wohnung ab 1. Juni aufgeben, dann schenke ich meine Möbel und meinen Hausrat bis auf einige Kleinigkeiten, die wir hier noch brauchen können, euch und meinen Enkeln. Ihr müsst euch dann die Mühe machen, meine Wohnung aufzulösen.«

Alle Töchter waren entsetzt, aber mein Entschluss stand fest. Es ist ja so, dass Töchter sich in der Jugend von ihren Müttern emanzipieren müssen, damit sie erwachsen werden. Später ist es dann Glückssache, ob die Chemie zwischen ihnen stimmt, die Gene zueinander passen und eine Freundschaft entsteht. Dann kann es geschehen, dass eine Mutter, die viele Kinder hat, für das eine, wenn es erwachsen ist, mehr und für das andere weniger Verständnis aufbringt. Jede, die Mutter und die Tochter, fühlt sich gekränkt, wenn das alte Rollenspiel nicht mehr funktioniert, wo jede jede mit dem angeborenen Trieb nicht nur liebte, sondern auch an der anderen gar nichts auszusetzen hatte. Ich sah für mich eine große Chance, dass meine eigene Emanzipation von meinen Töchtern gelingen konnte, wenn ich jetzt ganz aus ihrer Nähe fortzog und mein eigenes, völlig von ihnen unabhängiges Leben führte.

Ich habe diesen Entschluss bis heute nicht bereut. Seit ich hier bin, werde ich von unzähligen Leserinnen besucht, die mir sofort ihre eigene Lebensgeschichte erzählen. Dadurch habe ich erfahren, dass fast jede Mutter und fast jede Tochter im Alter die gleichen Probleme mit der Loslösung voneinander hat, wie ich sie jetzt erlebte. Ich verlor dadurch mein Schuldgefühl und konnte auch anderen ihr Schuldgefühl nehmen, weil diese Entwicklung kein Mangel an Liebe ist, sondern nur ein völlig natürlicher Vorgang.

Um den einsamen ersten Winter in meinem Haus leichter zu überstehen, lud ich mir Freundinnen, Cousinen und alte Bekannte ein, die seitdem fast jedes Jahr im Winter wiederkommen. Die von mir engagierte Haushälterin und Betreuerin bewährte sich glänzend. Wir verstanden und verstehen uns heute noch gut. Als Frau R. krank wurde, half eine Frau A. aus Ribnitz lange aus. Sie kannte Frau R. schon von früher, als beide in einem Krankenhaus gearbeitet hatten, und sie wurden gute Freundinnen. Da Frau A. etwas jünger und gesünder ist als Frau R., kommt sie viermal in der Woche und Frau R. zweimal. Ich werde liebevoll und fürsorglich betreut. Mein Haus ist wunderbar geordnet und gepflegt. Die Harmonie unter uns dreien wurde bis heute noch durch keinen Misston gestört, sodass ich mich wohler fühle, als ich mich jemals gefühlt habe. Ich glaubte, ich könne nie lernen, meine Selbständigkeit aufzugeben. Wenn man blind ist und gehbehindert und herzkrank, muss man seine Intimsphäre aufgeben. Man muss sich alle Briefe vorlesen lassen, jeden eigenen Brief anderen diktieren, sein Geld zählen und anschreiben lassen, sich duschen lassen und so weiter. Frau R. und Frau A. haben einen so großen angeborenen Takt, dass sie mich noch nie verletzt haben und ich mich ihnen gerne anvertraue. Wenn ich in meinem Zustand bei einer meiner vier Töchter wäre, wäre mir das ganz erheblich peinlicher, weil bei allen Töchtern ein instinktiver Wunsch dazu käme, mich auch zu bevormunden. Die Grenze zwischen Bevormundung und liebevoller Fürsorge kennen nicht verwandte Betreuerinnen besser als die eigenen Kinder. Für sie ist der Patient ein Vorgesetzter, und sie kritisieren nicht, wie dieser etwas haben will, wofür er sein Geld ausgeben will, was er anziehen will, was er kaufen will und so weiter.

Für mich war es von großer Bedeutung, dass ich durch meine Betreuerinnen die Gefühle und Meinungen der DDR-Bürger nach der Wende kennen lernte. Mehr und mehr fühlte ich mich wie ein Fisch, den man endlich wieder ins Wasser geworfen hat. In den Flur hängte ich das Bild aus dem ZEIT-Magazin auf, das schon in Neu-Isenburg gehangen hatte. Da trägt eine uralte Frau in der linken Hand einen Vogelkäfig, in dem eingezwängt von den

Gitterstäben ein großer Fisch liegt. Mit der rechten Hand hält sie eine kleine Gießkanne und beträufelt damit den Fisch. Darunter steht: »Du kriegst aber auch nie genug.« So wie dieser Fisch hatte ich mich in Neu-Isenburg gefühlt. Jetzt war ich wieder in meinem Element.

In meinem Hause fand ich mich zurecht, als ob ich sehen könnte, denn ich konnte ja Licht und Farben wahrnehmen und zunehmend besser auch Gegenstände als das erkennen, was sie sind. Mein Haus liegt auf einer Anhöhe, und man kann aus allen Fenstern weit in die Gegend und in den Himmel sehen. Ich musste meinen Rollstuhl nur mit einer elektrischen Schiebehilfe versehen lassen, dann konnte mich jeder mühelos durch die Landschaft fahren. Anfangs kannte ich noch niemanden von der jetzigen Dorfgemeinschaft. Gleichaltrige Freunde aus der Gegend waren teils gestorben, teils ebenfalls in den Westen geflohen. Nach und nach erhielten letztere ihre Sommerhäuser zurück und kamen in den warmen Zeiten wieder her. Handwerker, die bei der Renovierung meines Hauses mitgeholfen hatten, waren Mitschüler meiner Töchter in der einklassigen Grundschule gewesen. Hier sind wir alle ganz einfach zu Hause. Meine Befürchtung, dass die Einheimischen mich als »Wessi« missachten würden, hat sich nicht bewahrheitet. Wo ich auch hinkam und wer auch immer in mein Haus kam, jeder freute sich, zeigte seine Freude und sah in mir jemand Gleichgesinntes. Ich empfand den Gegensatz zu den Heidelbergern, die mich immer zuerst mit Misstrauen ansahen, sehr stark. Ich bin eben schon rein äußerlich eine Norddeutsche aus Mecklenburg-Vorpommern. In Heidelberg wirkte ich wie eine missachtete Preußin.

Im Laufe der nächsten Jahre konnte ich immer Zimmer

an Touristen vermieten, und diese wurden oft zu Freunden, die immer wieder kamen. Meine Töchter, meine Enkel, meine Urenkel und viele Cousins und Cousinen können in ihren Ferien bei mir wohnen, weil ich ja so viel Platz habe. Erstaunlich ist, wie viele Freunde aus uralten Zeiten plötzlich wieder vor der Haustür stehen, weil Ahrenshoop von so vielen Menschen besucht wird und es sich herumgesprochen hat, dass ich hier wieder wohne. Die Zwistigkeiten unter den Schwestern sind beigelegt. Ich war lange Zeit ihretwegen sehr bekümmert gewesen, aber ich hatte ein eindrucksvolles Erlebnis, das diesen Kummer ganz von mir nahm.

Ich saß einmal nach dem Mittagessen untätig in meinem Sessel. Ich glaubte, dass ich nicht schlief. Ich sah den Schrank mit dem Spiegel vor mir und sah die weiße Tür wie immer. Ich war traurig. Da setzte sich jemand auf die Lehne meines Sessels, und ich spürte an meinem Arm seinen Arm und seinen Anzug. Er nahm meine Hand in seine beiden Hände, und ich fühlte die Wärme seiner Haut, den Pulsschlag und die knochigen Finger. Ich erschrak nicht im Geringsten, sondern hielt diesen Besuch für etwas ganz Natürliches. Ich dachte nur: »Ach, da bist du ja.« Ich war überzeugt, es sei der Mönch, von dem ich schon so viel erzählt habe. Er blieb eine ganze Weile auf meiner Lehne sitzen, und ich fühlte mich völlig getröstet. Dann stand er auf, und ich hörte Schritte auf dem Plattenweg zur Gartentür. Zwischen dem Aufwachen und diesem Traum gab es keinerlei Unterschied in der räumlichen Realität vor meinen Augen. Ich saß immer noch in dem Sessel. Vor mir stand der Spiegelschrank, und seitwärts war die weiße Tür.

Trotzdem hat es sich ganz sicher um einen Tagtraum gehandelt. Aber ich weiß nun, wie es zustande kommt, wenn Menschen von der Erscheinung Verstorbener berichten. Wahrscheinlich war auch die so genannte Auferstehung des Jesus von Nazareth ein solcher Tagtraum, den man wirklich mit der Realität verwechseln kann. In normalen Träumen sieht und hört man etwas und ist nicht gewohnt, etwas mit der Haut zu fühlen, was nicht da ist. Dass ich aber einen derartigen Traum träumen konnte, half mir völlig über meinen Kummer hinweg. Es gab etwas in mir, das jede Kränkung verzeihen konnte und mir die Schmerzen nahm.

Siebenundzwanzigstes Kapitel

Das Dorf Ahrenshoop

Ahrenshoop hat im alten Ortsteil 247, mit den beiden eingemeindeten Ortsteilen Althagen und Niehagen etwa 800 Stammeinwohner. Es sind nicht mehr, wie in meiner Jugend, vorwiegend die Nachkommen mittelalterlicher Piraten, die einander witzige Spitznamen gaben, wie Brathering, Stockfisch, Fretwurst und so weiter. Meine Großmutter hatte deswegen oft behauptet, die Ahrenshooper seien genauso adlig wie die pommerschen Adligen und Rittergutsbesitzer. Die einen seien Piraten gewesen, die anderen Raubritter. Die Einwohner Ahrenshoops waren zu meiner Zeit Fischer, die Familien von Matrosen, Kapitänen und anderen Seefahrern, einige Handwerker und Künstler. Vor dem Zweiten Weltkrieg nannte man das Dorf Ahrenshoop noch nicht offiziell Künstlerkolonie wie heute, obwohl sich seit 1890 mehr und mehr Maler hier ansiedelten. Es gab im Ortsteil Ahrenshoop immer nur einen Bauern. Heute wohnt hier kein Bauer mehr. Das Land ist an die Agrargenossenschaft verpachtet. In vielen Häusern leben jetzt die Nachkommen der 1944 aus Ostpreußen Geflohenen und die Nachfahren der im Herbst 1945 aus dem Sudetenland Vertriebenen, die alle Autos besitzen und den verschiedensten Berufen in den nahe gelegenen kleinen Städten oder auch in Rostock nachgehen. Sie alle vermieten Zimmer in ihren Häusern. Es gibt mehr Pensionen und Gasthäuser als früher.

Einige Häuser haben früher ehemaligen »Forensen« gehört. Das waren Hamburger oder Berliner, die hier ihren Zweitwohnsitz hatten, wie meine Großmutter auch. Diese fühlten sich damals den Einheimischen zugehörig und wurden von diesen auch so gesehen. Auf der Kriegergedenktafel des Ersten Weltkrieges stehen die Namen der gefallenen Brüder meiner Mutter. Ich, die hier den größten Teil meiner Kindheit und Jugend verbrachte, und meine Töchter, die hier zur Schule gingen, hatten die meisten Einheimischen geduzt und waren von ihnen geduzt worden, und unsere besten und dauerhaftesten Freundschaften, die uns ein Leben begleiteten, sind die mit ehemaligen einheimischen Ahrenshoopern. Ich habe diesen gegenüber ein stärkeres Zugehörigkeitsgefühl als zu manchen Blutsverwandten. Nach dem Zweiten Weltkrieg durften die so genannten Forensen nicht wieder in ihre Häuser, und man setzte ihnen Flüchtlinge und vertriebene Familien hinein. Das war verständlich und richtig, um dem Flüchtlingselend abzuhelfen. Wo sollten diese sonst wohnen, wenn nicht in leer stehenden Gebäuden. Zuerst wurde das auch korrekt durchgeführt. Die Forensen erhielten eine ortsübliche Miete und durften sich um die bauliche Erhaltung ihres Eigentums weiter kümmern. Dann aber, als man eine Grenze zwischen DDR und BRD errichtete, wurde angeordnet, dass man die Forensen als feindliche Ausländer betrachten, ihnen den Aufenthalt im Ort verweigern und sie als Kapitalisten und Klassenfeinde ansehen solle. Da richteten sich denn die Bewohner in diesen Häusern so ein, als ob sie ihnen gehörten, und nach fünfundvierzig Jahren, in denen dort auch ihre Kinder aufgewachsen waren, war völlig vergessen, dass die Häuser jemals andere Besitzer gehabt hatten. Man betrachtete sie als Strandgut, das einem nach einem gewonnenen Krieg in die Hände gefallen war. Keiner dachte darüber nach, dass die Alteigentümer gar nicht nach Ahrenshoop kommen durften, um sich um ihre Häuser zu kümmern, und ich hörte viele sagen: »Erst haben sie sich fünfundvierzig Jahre lang nicht um ihr Eigentum gekümmert und hätten es seelenruhig verfallen lassen, und jetzt plötzlich tauchen sie auf und wollen wiederhaben, was wir fünfundvierzig Jahre lang gepflegt und mit unserem Geld und unserer Arbeit erhalten haben.« In vielen Fällen prozessierten die Alteigentümer mit den Bewohnern um die Rückgabe. Die Anwälte kamen oft aus der BRD und wandten ziemlich rüde Methoden an, um die Bewohner herauszutreiben. Was den besonderen Unmut der Ahrenshooper erregte, war der Umstand, dass viele, die ihr Haus erobert und die Bewohner vertrieben hatten, es gleich danach verkauften.

Das Recht in Ost und West

Es war mal ein Recht, gewachsen und stramm,
dem fuhr ein Blitz in die Krone.
Da sprang in zwei Teile der mächtige Stamm,
die waren nun oben ganz ohne.

Wie sie nun übereinander so lagen,
das eine nach Osten, das andere nach Westen,
da hat man zum Kreuz sie zusammengeschlagen,
weil man sich dachte, so ist es am besten.

Ein Kreuz war, so lernten wir früher es alle,
einmal ein Zeichen fürs Auferstehen.
So hoff ich, dass sie sich in unserem Falle
irgendwann einmal wieder verstehen.

Doch vorläufig müssen wir alle sehr leiden.
Den beiden Rechten ergeht es sehr schlecht.
Wo immer vernagelte Köpfe entscheiden,
erhält stets das Vorrecht mehr Recht als das Recht.

Ich erlebe immer wieder, dass Menschen, die eindeutig Recht haben, nicht begreifen können, dass ein anderer, der ihnen ihr Recht nehmen will, ebenfalls ein Recht haben kann. Wenn das Unrecht von einem Staat angeordnet worden ist, sehen es die Bürger sehr schnell als Recht an. So entstehen Feindschaften zwischen völlig Unschuldigen. Und nur eine staatliche Anordnung, wer das Vorrecht hat, kann da helfen. Ich glaube, die Schwierigkeiten der Rückübertragung von Grundstücken an die Alteigentümer waren viel größer, als es die Gesetzgeber ahnen konnten. Bei den Betroffenen gehörte sehr viel Taktgefühl und Menschlichkeit dazu, den alten Spruch zu beherzigen: »Was du nicht willst, das man dir tu, das füg auch keinem andern zu.« Zu mir sagte mal ein Betroffener: »Man hat ja nicht wissen können, dass noch einmal alles anders wird und man neue Gesetze kriegt.«

Meine Töchter hatten früher mehr mit den einheimischen Kindern als mit denen der Forensen gespielt, weil die einheimischen Kinder im Sommer wie im Winter zur Hand waren. Ich selbst hatte nur drei bis vier einheimische Freundinnen gehabt, mit denen ich allerdings dann das ganze

Leben in brieflicher Verbindung blieb. Besonders verbunden war ich ihnen durch die Jahre der Not in der Nachkriegszeit. Auch die Töchter von Forensen, mit denen meine Kinder oder ich gespielt hatten, tauchten jetzt wieder auf. Die ehemals Einheimischen waren oft jetzt selbst Forensen, weil sie in Großstädte geheiratet hatten und ihre Nachkommen nun auch woanders ihren Hauptwohnsitz hatten. Das Schicksal einer dieser ehemals einheimischen Freundinnen ging mir besonders nahe. Ilse stammte aus einer der ältesten Familien in Ahrenshoop, in der die Männer stets zur See gingen. Immer hatten die Mütter bei ihren Töchtern gewohnt, wenn sie alt geworden waren. Sie selbst hatte ihre Mutter nach Hamburg geholt, als diese nicht mehr allein in Ahrenshoop leben konnte. Auf ihr Grundstück waren Fremde gesetzt worden, die auch auf ihrem Land gebaut hatten. So standen jetzt auf dem Grundstück sieben Häuser anstelle der zwei, die vordem darauf gestanden hatten. Sie hatten ursprünglich ein altes kleines Wohnhaus besessen und ein Haus zum Vermieten an Sommergäste, in das sie selbst nur im Winter zogen, während die Eltern im alten Haus überwinterten. Von diesen zwei Gebäuden bekam Ilse nur eines zurück. Da sie zwei Töchter hatte, erhielt eine Tochter dieses inzwischen sehr verwahrloste größere Haus zurück, das sie allerdings vom Keller bis zum Boden nahezu neu bauen lassen musste. Die andere erhielt ein Grundstück, auf das sie nun ein Fertighaus stellte. Für beide Töchter waren das jetzt »Sommerhäuser«, in denen sie nicht immer wohnten. Sie hatten für meine Freundin, ihre Mutter, im alten Haus ein schönes Zimmer eingerichtet, und die ersten Jahre wohnte meine Freundin im Sommer auch darin, ging aber im Winter in ihre Hamburger Stadtwohnung. Nun wurde sie hinfällig, im wahrsten Sinne des Wortes, denn ihr wurde oft schwindelig, sodass sie dann unvermittelt hinfiel. Man konnte sie nicht allein in einem Haus oder in einer Wohnung lassen. Da die Familie nicht unbemittelt war, riet ich dringend, für die Mutter eine Haushälterin zu engagieren, für die man auch ein wenig Pflegegeld bekommen würde, und die Mutter ganz nach Ahrenshoop ziehen zu lassen. Ich war ja auch trotz körperlicher Schwerbehinderung ganz hierher gezogen und fühlte mich wohl. Meine Freundin traute sich das aber nicht zu und erwartete, dass sie nun bei einer ihrer Töchter in Hamburg würde wohnen können. Das aber trauten sich die Töchter, die noch studierende Kinder hatten und deren Männer zu Hause auch betreut werden wollten, wiederum nicht zu.

Es ist in der heutigen Gesellschaft nicht mehr üblich und meistens von Müttern und Töchtern auch nicht mehr gewünscht, die Eltern im Haus zu betreuen. Meine Freundin kam also in ein sehr teures Heim mit »Rund-um-die-Uhr-Betreuung«, bei der sie keinerlei Eigeninitiative mehr aufbringen musste. Sie brauchte sich nur noch von morgens bis abends bedienen zu lassen und konnte bis zu zwanzigmal am Tag jemanden herbeiklingeln, wenn sie einen Vorhang beiseite gezogen, etwas vom Boden aufgehoben oder etwas abgewischt haben wollte. Die Frau, die früher eine tatkräftige, fröhliche, geschickte und kluge Person gewesen war und die auch selbst gewünscht hatte, lieber in dies Heim zu kommen, als es wie ich zu machen, verfiel seelisch und körperlich in diesem Luxus und machte sich selbst und ihre Töchter todunglücklich. An ihr sah ich, wie gut ich daran getan hatte, unser Ahrenshoop meinen Kindern nicht schon zu Lebzeiten zu schenken.

Heute nach der Wende nennt sich Ahrenshoop offiziell eine Künstlerkolonie. Wir haben hier viele Galerien und auch Pensionen für Künstlerstipendiaten. Wir haben Auktionen und Ausstellungen, zu denen die Käufer von weit her kommen. Die Einheimischen werden, wenn sie nicht Zimmer vermieten, von den Sommergästen wenig bemerkt. Ich habe unter den mir bekannten die folgende Umfrage veranstaltet, um über ihre Meinungen ein Stimmungsbarometer zu erhalten.

Achtundzwanzigstes Kapitel

Stimmungsbarometer

1. *Was haben Sie vor der Wende beruflich getan, und was tun Sie heute?*

Person 1: Koch, Schiffskoch, Ausbildungsleiter für Hotel und Gastronomie, Hoteldirektor, jetzt Rentner.
Person 2: Seit 1966 Arzt.
Person 3: Seemann, jetzt Rentner.
Person 4: Krankenschwester, jetzt Rentnerin.
Person 5: Elektromeister PGH, jetzt selbständig.
Person 6: Selbständiger Unternehmer.
Person 7: Geschäftsstellenleiterin Sparkasse.
Person 8: Im landwirtschaftlichen Beratungsdienst, jetzt selbständiger Händler.
Person 9: Buchhalterin, jetzt Betreuerin.
Person 10: Student, jetzt Freiberufler, Unternehmer.
Person 11: Maschinenbauer und Pilot, Ausbildung zum U-Bootfahrer, jetzt Student zum Kapitän auf großer Fahrt.
Person 12: Buchhändlerin.
Person 13: Seemann, Ferienheimleiter, Bürgermeister, Bootsführer, Bauarbeiter, jetzt Kurdirektor.
Person 14: Bäckerin.
Person 15: Gastronom, jetzt selbständig.
Person 16: Wirtschaftskauffrau, jetzt Rentnerin.

2. *Sehnen Sie die alte DDR wieder herbei?*

Person 1: Nein.
Person 2: Nein.
Person 3: Nein.
Person 4: Das lässt sich nicht ohne weiteres mit Ja oder Nein beantworten. Die soziale Absicherung der »kleinen« Leute war in der DDR genauso gut beziehungsweise noch besser, und der Unterschied zwischen Armen und Reichen war nicht so groß. Man hätte viele gute Sachen, die wir hatten, nicht vernichten, sondern integrieren können. Beispiel: Krippen, Horte, Vorsorgeuntersuchungen. Das sind Sachen, die erst vernichtet wurden und erst nach Jahren für viel Geld wieder neu erfunden und neu aufgebaut werden.
Person 5: Nein.
Person 6: Nein, ich bin froh, dass die Zeit der Diktatur und Einschränkungen vorbei ist.
Person 7: Ja, manchmal.
Person 8: Nein, nur haben wir bei weitem nicht all die Freiheiten erlangt, welche sich, mal über den Zaun geschaut, potenziell abzeichneten. Eine wesentlich höhere Obhut des Einzelnen durch den Staat wäre schon wünschenswert. Doch die Lebensqualität hat sich entschieden verbessert, ein Zurück – niemals.
Person 9: Nein.
Person 10: Noch nicht mal eine neue.
Person 11: Nein, aber viele Dinge hätten auch in diesem System Platz gehabt.
Person 12: Nein.
Person 13: Nein.
Person 14: Nein.

Person 15: Nein.
Person 16: Teilweise.

3. *Hoffen Sie, dass die ostdeutsche und die westdeutsche Bevölkerung wieder eine Einheit wird, und sehen Sie dazu eine Chance?*

Person 1: Hoffen ja, aber dies wird in den nächsten zehn Jahren nicht möglich sein, da es hier zu viel objektive sowie subjektive Faktoren gibt, die eine schnellere Überwindung der momentanen Situation verhindern.
Person 2: Daran glaube ich nicht, es wird immer Unterschiede geben.
Person 3: Ja.
Person 4: Ich hoffe es sehr für die Zukunft unserer Kinder und Enkel, zurzeit sehe ich dafür aber keine große Chance, weil die Unterschiede in der Wirtschaft zu groß sind.
Person 5: Ja.
Person 6: Mir ist besonders wichtig, eine Angleichung der Lebens- und Arbeitsbedingungen zwischen der ost- und westdeutschen Bevölkerung zu schaffen. Im Zuge der Entwicklung einer europäischen Staatengemeinschaft wird es für nachfolgende Generationen dann keine alten oder neuen deutschen Bundesländer mehr geben.
Person 7: Ich denke ja, aber es wird noch eine lange Zeit in Anspruch nehmen.
Person 8: Ja, Ansätze gibt es in vielen Bereichen (Tourismus, Handel, Ausbildung). Inkompetenz, verbunden mit mangelnder Sachkenntnis, Interesselosigkeit und die dazu fehlende Bereitschaft bilden ein Hemmnis. Diese Frage

wird mit Sicherheit nur generationsbedingt ablaufen, andere Chancen sind derzeit nicht in Sicht.
Person 9: Im vernünftigen Miteinander ja, und wenn jeder jeden respektiert. Unsere Politiker sollten vertrauenswürdiger handeln.
Person 10: Ja.
Person 11: Ja, hoffe ich, und ich bin mir sicher, dass die nächste Generation keine Gedanken mehr daran verschwendet.
Person 12: Ja, aber es wird noch lange dauern, weil wir durch unterschiedliche Gesellschaften unterschiedlich geprägt sind, und das über vierzig Jahre.
Person 13: Ja, spätestens mit der nächsten Generation.
Person 14: Es wird sehr lange dauern.
Person 15: Ja.
Person 16: Ja.

4. Können Sie sich heute mehr kaufen als früher?

Person 1: Ja.
Person 2: Ja.
Person 3: Ja.
Person 4: Nein, weniger.
Person 5: Ja.
Person 6: Ja.
Person 7: Ja.
Person 8: Ja, bedingt durch das nun überdimensionierte Warenangebot.
Person 9: Ich kann mir heute natürlich mehr kaufen, jedoch muss ich auch mit dem nötigen Kleingeld haushalten.

Person 10: Ja.
Person 11: Ja!?
Person 12: Ja.
Person 13: Ja.
Person 14: Ja.
Person 15: Ja.
Person 16: Ja.

5. *Haben Sie nach der Wende schon Reisen ins Ausland oder in die alten Bundesländer gemacht?*

Person 1: Ja, mehrere Reisen in die alten Bundesländer und ins Ausland – ebenfalls habe ich in den alten Bundesländern als Hoteldirektor gearbeitet.
Person 2: Ja.
Person 3: Ja.
Person 4: Nach der Wende war ich zu Besuch in Hamburg und sehr erschüttert vom Anblick der strahlend schönen abendlichen Stadt, und in den Häuserecken überall zerlumpte Obdachlose. So etwas hatte ich in meinem Leben noch nie gesehen, und so etwas gab es in der DDR nicht. Das hat mich wohl dem neuen Deutschland gegenüber sehr kritisch werden lassen.
Person 5: Ja.
Person 6: Ja.
Person 7: Ja.
Person 8: Ja, einige Kurzreisen.
Person 9: Ja.
Person 10: Ja.
Person 11: Ja.

Person 12: Ja.

Person 13: Ja, jährlich mindestens einmal zwischen Alpen und Nordsee.

Person 14: Ja.

Person 15: Ja.

Person 16: Ja, aber auch vor der Wende.

6. *Gehören Sie einer christlichen Glaubensgemeinschaft an?*

Person 1: Nein.

Person 2: Ja.

Person 3: Ja.

Person 4: Evangelisch.

Person 5: Ja.

Person 6: Ja, evangelische Kirche.

Person 7: Nein.

Person 8: Ja, protestantisch.

Person 9: Ja.

Person 10: Ja.

Person 11: Nein.

Person 12: Nein, bin ausgetreten.

Person 13: Nein.

Person 14: Ja.

Person 15: Ja.

Person 16: Ja.

7. ***Wissen Sie, wodurch sich die christlichen, die islamischen und die sozialistischen Wertvorstellungen voneinander unterscheiden?***

Person 1: Ja.
Person 2: Nicht im Detail.
Person 3: Ja.
Person 4: Es gibt nur fundamentalistische Unterschiede.
Person 5: Ja.
Person 6: Ja, ich kann die Wertvorstellungen differenzieren, bin aber kein Fachmann.
Person 7: Ja.
Person 8: Ja, glaubensbedingt. 1. Freiheit der Religionen im Christentum. 2. Hauptpflicht zwischen Staat und Religion im zum größten Teil orthodoxen Islam. 3. Leugnung Gottes.
Person 9: –
Person 10: Ja.
Person 11: Ja, kenne alle.
Person 12: Ja!?
Person 13: Ja.
Person 14: Ja.
Person 15: Ja.
Person 16: Ja.

8. ***Welche dieser Wertvorstellungen sind auch Ihre eigenen?***

Person 1: Keine.
Person 2: Eher christliche.
Person 3: Christliche.
Person 4: Christliche.

Person 5: Keine.
Person 6: Die christlichen Wertvorstellungen sind mir sehr nahe, z. B. die Gleichheit der Menschen vor Gott, die Zehn Gebote, und wichtig sind mir Gerechtigkeit und Chancengleichheit.
Person 7: Meine Wertvorstellung ist die Überwindung der sozialen Gegensätze und die Verwirklichung der demokratischen Grundrechte.
Person 8: Höchst unorthodox zum Christentum.
Person 9: –
Person 10: Christliche.
Person 11: Keine dieser Wertvorstellungen sind mir eigen. Meine Wertvorstellungen sind aufgebaut auf materialistischer Basis mit einem großen Schuss Egoismus im Job und Menschenliebe in der Freizeit.
Person 12: Keine, Atheist!
Person 13: Humanistische Werte.
Person 14: Christliche.
Person 15: Christliche.
Person 16: Sozialistische Wertvorstellungen.

9. *Welche Werte, glauben Sie, werden heute nach der Wende am wenigsten respektiert?*

Person 1: Die Achtung des Menschen einschließlich seines Rechtes. Der Egoismus hat einen überbetonten Raum eingenommen – dadurch hat sich ein absolutes Klassendenken in der Gesellschaft entwickelt.
Person 2: Zwischenmenschliche.
Person 3: Zusammengehörigkeit, Gemeinschaft.

Person 4: Die Gemeinschaft – das Zusammengehörigkeitsgefühl ist weniger geworden.
Person 5: Menschlichkeit.
Person 6: Gerechtigkeit und Chancengleichheit scheinen mir das größte Problem in der deutschen Ost-West-Geschichte zu sein.
Person 7: Am wenigsten werden meiner Meinung nach das Vertrauen, die gegenseitige Achtung und die Anerkennung von Leistungen respektiert.
Person 8: Glaubenswerte, bedingt durch den aufgelösten atheistischen Staat und auch aus materiellen Gründen.
Person 9: Persönlichkeitsrechte.
Person 10: Persönlichkeitsrechte.
Person 11: Respekt vor alten Menschen und Ehrlichkeit, null Miteinander.
Person 12: Ehrlichkeit.
Person 13: Gegenseitige Hilfe, Übernahme von Verantwortung für den Nächsten.
Person 14: Der Mensch.
Person 15: Menschlichkeit, Achtung.
Person 16: Die ideellen.

10. Was beanstanden Sie nach der Wende am meisten?

Person 1: Die enorm harte und lange Arbeitslosigkeit – dadurch setzt eine materielle und geistige Verarmung der gesamten Gesellschaft ein. Das Bildungs- und Gesundheitswesen entwickelt sich immer stärker zu einer Zwei-Klassen-Gesellschaft.
Person 2: Ausufernde Bürokratie, mangelnde Solidarität unter den Menschen, Ellenbogengesellschaft.

Person 3: Kriminalität.

Person 4: Die zunehmende Gewalt und der Egoismus.

Person 5: Unmenschlichkeit.

Person 6: Am meisten ärgert mich nach der Wende, dass mit Geld so viel Macht ausgeübt wird und dass rücksichtsloser Egoismus von der Gesellschaft immer mehr toleriert bzw. sogar akzeptiert wird.

Person 7: Es gibt keine soziale Gerechtigkeit. Die drastischen Sparmaßnahmen treffen jedes Mal die Armen, Kranken, Alten und Kinder. Durch den Druck im Beruf und Alltag geht der zwischenmenschliche Zusammenhalt verloren. Für die sozialen Kontakte fehlt oft die Zeit.

Person 8: Dass materielle Aspekte über alles gestellt werden und die menschliche Verbundenheit nur noch in relativ geringem Maße existiert. Den aufkommenden Terrorismus in den neuen Ländern, hier den Drogenhandel, hier die Respektlosigkeit in den Schulen und im öffentlichen Leben.

Person 9: Vor der Wende war der kollegiale und freundschaftliche Zusammenhalt ausgeprägter. Heute zählt meiner Meinung nach nur das Geld.

Person 10: Die Manifestation postsozialistisch-undemokratischer Strukturen.

Person 11: Die verloren gegangene Gemeinschaft.

Person 12: Dass fast jeder nur sich selbst der Nächste ist.

Person 13: Arbeitslosigkeit und Verlust an zwischenmenschlichen Beziehungen.

Person 14: Der Egoismus, Ungerechtigkeit, vorsätzlicher Betrug.

Person 15: Neid, Verdummung, zu wenige arbeiten zu viel.

Person 16: Die soziale Unsicherheit.

Neunundzwanzigstes Kapitel

Der neue Anfang

Bei dieser Befragung meiner hiesigen Bekannten stellte sich heraus, dass nur fünf von sechzehn keiner christlichen Glaubensgemeinschaft angehören. Das ist vermutlich nicht hochzurechnen auf die Gesamtbevölkerung der DDR. Diese ist vermutlich nur noch zu einem weit geringeren Prozentsatz christlich. Die übrigen Fragen aber hätten wahrscheinlich die meisten Bewohner der neuen Länder ähnlich beantwortet.

Ahrenshoop hat bis zum Jahre 1951 nie eine Kirche gehabt, sondern wurde vom Pfarrer aus dem zwanzig Kilometer entfernten pommerschen Prerow betreut. Das bedeutete, man ließ sich taufen, und man ließ sich beerdigen und hatte in der Volksschule gelegentlich Religionsunterricht, aber mehr wollte man nicht von der Kirche. Die fünf Kilometer entfernte große Wustrower Kirche war in Mecklenburg, im »Ausland«. Da ging man nicht hin. Man gehörte ja zu Pommern und nicht nach Mecklenburg. Meine Großmutter behauptete immer, die Ureinwohner Ahrenshoops seien immer Heiden geblieben, weil die Missionare nicht bis zu ihnen vorgedrungen seien, aber sie besäßen mehr Nächstenliebe als viele so genannte »Christen«. In der Nazizeit wurde der liebe Gott lächerlich gemacht. Man ersetzte ihn durch eine Vorsehung, welche die Germanen bevorzugte, und nannte sich »Deutscher Christ«. Nach dem verlorenen Krieg führten die Russen den Sozialismus ein und erklärten den lieben Gott zu einem Weihnachtsmann für Kleinkinder und Unmündige. Es wurde verboten, seine Lehre zu verkünden. Da wurde das »heidnische« Ahrenshoop doch rebellisch. Sie hatten zwar noch nie etwas von ihm gewollt, aber einfach verbieten und nehmen ließen sie sich den lieben Gott doch nicht.

So bauten sie 1951 als heimlichen Protest gegen den geforderten Atheismus ein kleines Kirchlein, in dem achtundneunzig Personen Platz finden, in der symbolischen Form eines gekenterten Schiffes, in dessen Luftblase sich die Insassen retten können. Es wurde aus ganz privaten Mitteln und nur aus im Ort zu findendem Material gebaut. Die Kanzel ist der echte Stamm einer alten Pappel, deren Wurzeln sich noch unter der Kirche befinden. Die Decke ist wie der Boden eines gekenterten Schiffs aus Holzplanken, und ein Künstler hat aus Kleiderbügeln Schiffe gebastelt, die als »Glaube«, »Liebe« und »Hoffnung« an der Decke hängen. Nun haben die Ahrenshooper eine Kirche, zu der im Sommer Omnibusse mit Touristen kommen, um sich diese Besonderheit anzuschauen. Im Winter ist das Kirchlein meist nur von einigen wenigen alten Frauen besucht, aber im Sommer ist es stets voll. Die Kirche stand zu meiner Überraschung auf dem Platz vor meiner Gartentür, als ich 1996 wieder zurückkam. Man hatte sie gerade in dem Jahr gebaut, als ich in den Westen floh.

Wenn man mich fragen würde, welche Werte für mich die höchsten sind, so würde ich antworten, die Nächstenliebe, welche in allen drei großen Glaubensgemeinschaften, der christlichen, der jüdischen, der islamischen, gefordert, doch auch von den atheistischen Sozialisten als Ziel angestrebt wird. Aber weder Kirchenstaaten und Glaubenskriege noch politische Parteien und Diktatoren haben es erreicht, dass die Menschen instinktiv sozial handeln und ihre Nächsten »lieben«. Immer kam ihnen der angeborene menschliche Arterhaltungstrieb in die Quere, der verlangt, Andersartiges und Fremdartiges als »Feind« zu betrachten, die Schwachen zu vernichten oder aus den eigenen Revieren zu vertreiben. Neben der Liebe für den Nächsten war immer auch ihr Gegenteil, der Hass, am Werke. Das, was das Christentum von allen anderen unterscheidet, ist die Aufforderung zur Feindesliebe, die allen Art- und Selbsterhaltungstrieben krass widerspricht. »Viel Feind, viel Ehr« ist ein deutscher Spruch. Noch vor hundert Jahren duellierten sich Menschen, wenn sie ihre »Ehre« angetastet sahen. Man war Christ und kannte das Gebot »Du sollst nicht töten«, aber einen Feind lieben zu können hielt man für eine lächerliche Utopie.

Ich habe in meinem Leben so oft erlebt, wie Feindschaften ausgetragen werden, wenn die so genannte Vernunft Männern gebietet, den jeweiligen Gegner zu töten. Ich habe den Ersten Weltkrieg erlebt, ich habe die Revolution 1918 erlebt, ich habe das Morden der Nazis an den Juden erlebt, ich habe den Zweiten Weltkrieg erlebt, und ich habe alle kriegerischen Aktionen in der Welt seit 1945 durch das Radio und Fernsehen verfolgen können. Niemals habe ich erlebt, dass ein Sieg über die so genannten Feinde auch das bewirkt hat, was man mit einem Krieg erreichen wollte. Die Folge war immer nur, dass die Männer noch schrecklichere, noch wirkungsvollere Waffen erfanden. Überall erheben sich Hände zum Schwur, für das Rechte, für das Edle, für das Gute, für Gott bis zum Tod zu kämpfen. Zum Arterhaltungstrieb des Menschen, der zweifellos bisher auch zu seiner Arterhaltung beigetragen hat, gehört die angeblich »vernünftige« Meinung der Männer, Krieg sei unabänderlich und von Gott gewollt. Kaiser Wilhelm II. hat seine Hand vor einhundert Jahren in gleicher Weise zum Schwur erhoben wie heute George W. Bush, er hat mit dem gleichen Pathos verkündet, dass Krieg Gottes Willen erfülle. Ich denke, weil die Aggressionen bei Frauen weniger stark ausgeprägt sind, dass in späteren Jahrhunderten, in denen vielleicht überall auch Frauen mitregieren werden, der Aggressionstrieb sich weniger zerstörerisch auswirken wird. Das Urchristentum unterscheidet sich von allen anderen Religionen und dem Sozialismus darin, dass es von Jesus auch die Feindesliebe fordern lässt, die diesen bis zum Tod erfüllt hat. Das ist keine lächerliche Utopie. Ich habe in meinem langen Leben damit aufgehört, nach »Schuldigen« für irgendein Übel zu suchen, und immer festgestellt, dass es ebenso an mir wie am anderen lag, wenn ich mit jemandem in Streit geriet.

Das Vexierbild

Es ist wie ein Vexierbild,
was ich vom Leben seh.
Bald sieht man nur den Jäger,
bald sieht man nur das Reh.
Doch braucht man seinen Kopf nur etwas umzudrehn,
kann man sowohl den Jäger
als auch das Rehlein sehn.

Betrachtet man im Spiegel
sein eignes Angesicht,
sieht man sich nur als Opfer.
Den Täter sieht man nicht.
Doch sollte man den Kopf mal etwas anders drehn,
dann kann man sich als Opfer,
doch auch als Täter sehn.

Nur wenn wir fähig werden, den »Heilen Geist« nicht nur zu hören, sondern auch seine Gebote zu befolgen, und dazu eine neue Vernunft entwickeln, werden wir dieses neue Jahrhundert auch noch einmal überleben.

Ich habe gut reden, denn ich mache ja nun bald nicht mehr mit. Was kommen wird, könnte mir gleich sein. Ich sitze nun nur noch blind und gehunfähig tagsüber in meinem Sessel und spiele Schach, damit ich nicht an Demenz oder Alzheimer erkranke.

Schach

Ich heiße Agnes Grisebach
und spiele alle Tage Schach.
Mein Gegner ist der Schachcomputer
und wenn er nicht kaputt ist, tut er.
Ich kann ihn selten nur besiegen.
Das muss an meiner Dummheit liegen.
Auch muss ich blind die Züge führen,
drum lern ich, täglich zu verlieren.
Das tut zwar weh, doch dieses Leiden
trainiert den Geist und macht bescheiden.

Sonst höre ich Radio oder den Fernseher oder meine Blindenhörkassetten, wenn ich nicht Besuch habe. Für mich ist es täglich ein neues Wunder und eine neue Freude, dass ich durch das Schreiben meiner Bücher wieder so viele Menschen gefunden habe, die meine Sprache verstehen und mich an ihrem Leben teilhaben lassen. Von allen alten Frauen, die ich kenne, geht es mir am besten, trotz der körperlichen Gebrechen, die ich aber mit fast allen anderen Alten teile.

Vor den Schicksalen, von denen ich seit meiner Ansiedlung in Ahrenshoop immer wieder erfahre, verblasst das eigene völlig. Die wenigsten Menschen wissen, welche schwere Bürde die alten Leute in den Altersheimen mit sich herumschleppen. Ich denke, dass ich mit meiner Schreiberei nur den Auftrag erfüllt habe, die Aufmerksamkeit und Teilnahme der Menschen auf diese Alten zu lenken. Jeder Mensch erhält seinen ganz speziellen Auftrag. Viele werden von anderen daran gehindert, ihn zu erfüllen. Ich habe als ganz junges Mädchen einmal gedichtet:

Gebet

Herr, lass mich Dich empfinden
mit meinem ganzen Sein.
Ich will ja nichts ergründen,
ich will nur in Dir sein.
Halt mich in Deinem Willen,
wenn meine Seele schwankt,
Herr Gott, ich will erfüllen,
was DU von mir verlangt.

Schon wieder, fast wie in der Zeit der tiefsten Depression, blicke ich auf die Welt und alles, was darin vorgeht, so, als hinge ich in der Luft über allem, es ginge mich im Grunde nichts mehr an und nichts könnte mich persönlich mehr treffen. Aber diesmal ist das große Glücksgefühl dabei, keine Feinde zu haben, alle Menschen in meiner Umwelt lieb zu haben und an ihrem Leben teilhaben zu können. Ich habe wirklich Grund, besonders dankbar zu sein. Da, wo ich von meinem Lebensanfang aus immer der Sonne nachgewandert bin, bin ich wieder angekommen und darf im alten Haus den letzten neuen Anfang machen. Ich freue mich aber auch auf den neuen Anfang, den ich machen werde, wenn ich diese Dimension verlasse und in die nächste übergehe.

Agnes-Marie Grisebach

Eine Frau Jahrgang 13

Roman einer unfreiwilligen Emanzipation

Band 10468

Erika Kernrebe muß von frühester Kindheit an lernen, das, was sie hat, wieder zu verlieren: die Mutter, die Ersatzmütter, sich selbst, die Karriere, die Wohnung, die Verwandten, das Geld, den Besitz, den Ehemann und endlich die Heimat. Scheinbar wurzellos treibt sie im Strudel der geschichtlichen Ereignisse. Dann aber wächst ihr allmählich durch die Sorge um ihre Kinder und durch die Verantwortung für viele hilflose Menschen in großen Notzeiten die Kraft zu, sich zu behaupten und gegen den Strom zu schwimmen.
Ihre spannende Lebensgeschichte, führt durch die Weimarer Republik, durch Nazideutschland und die Deutsche Demokratische Republik bis zum Jahr 1952. Sie führt zwischen Berlin, München, Pommern und Mecklenburg in das Milieu fast aller Schichten: der Gutsbesitzer und der Landarbeiter, der Groß- und der Kleinbürger, der Juden und der »Arier«, der Gastwirte und der Bettler, der Soldateska und der Flüchtlinge. Am Ende steht sie mit vier Kindern, zwei Koffern, fünf Rucksäcken, ohne Geld in der Bundesrepublik und fängt, 38 Jahre alt, noch einmal ganz von vorn an.

Fischer Taschenbuch Verlag

fi 1956 / 6

Agnes-Marie Grisebach

Eine Frau im Westen

Roman eines Neuanfangs

Band 10467

In ihrem Roman schildert die Autorin, wie die ›Frau Jahrgang 13‹ als Republikflüchtling mit vier kleinen Töchtern, fünf Rucksäcken, zwei Koffern und ohne Geld nach Heidelberg kommt. In einer Fabrik nimmt sie eine Stelle als Hilfsarbeiterin an, sie muß für fünf Personen eine materielle Existenz aufbauen. Die Sorge für ihre Kinder schließt ein, daß sie ihnen Wertmaßstäbe vermitteln muß, die sie selbst erst neu gewinnt. Wir erfahren, wie die Arbeiterin die großen Tagesereignisse zwischen 1952 und 1965 registriert.

Spannung bezieht das Buch auch aus dem Schicksal einiger Menschen, die Erika Röder als Betriebsrätin zu betreuen hat. Unverschuldet verliert sie schließlich ihren mühsam erworbenen Arbeitsplatz. Wieder einmal muß sie von vorn beginnen. Eine bewegende Lebensgeschichte, beispielhaft für eine ganze Generation von Frauen, die die Jahre des Wiederaufbaus ›von unten‹ erlebte.

Fischer Taschenbuch Verlag

fi 2117 / 4